Gewidmet dem Andenken eines großen Förderers des Schilchers,
Erzherzog Johann von Österreich

Taliman Sluga

Das Schilcher-Kochbuch

Rosé-Wein-Küche

Mit Beiträgen von Sandra Chum, Willibald Haider, Peter Lexe und Franz Peier
Fotos von Andreas Scheucher

Steirische Verlagsgesellschaft

Fasskeller des Buschenschanks
Krottmayer vlg. Glirsch, Eibiswald

Inhalt

Vorwort 11
Einleitung 13
Was ist rosé, was ist Schilcher? 15
Die Geschichte des Schilcherweins 17
Wo die Schilcherkulinarik zu Hause ist, die südliche Weststeiermark 19
Wein in der Küche, Schilcher auf dem Teller. 23
Auf dem Weg in die Küche vorab ein paar Worte für den Hinterkopf ... 25

Vorspeisen und kleine Gerichte 26
    Schilcherkürbis 28
    Lauch rosé 29
    Schilchergemüse 29
    Artischocken mit Paprikavinaigrette 30
    Artischocken im Schilchersud 30
    Kürbisstrudel mit Schilcher 31
    Spargel mit Schilcher-Hollandaise 32
    Heiden-Brimsen-Gnocchi auf Schilchersauce 33
    Schafskäse mit Paradeisern, Schilcherbalsamessig und Kürbiskernöl ... 33
    Bratkäse-Schilcher-Tarte 34
    Schilcher-Brot 35
    Dinkel-Schilcher-Brot 35
    Schilcher-Kräcker 36
    Schilcherbaguette, Schilcherstangerln 37
    Schilcherfondue 37
    Polenta in Schilcherweinblättern 38
    Gefüllte, überbackene Schilcherweinblätter 39
    Wild/Lamm in Schilcherweinblättern 39
    Steirische Schnecken 40
    Entenleberparfait mit Wildbachergelee und Brioche 41

Wein und Gesundheit, Genuss und Wein 42

Suppen 44
    Schilcherkäserahmsuppe 46
    Schilcherschaumsuppe 46
    Linsensuppe mit Schilcher 47
    Schilcher-Erdäpfelrahmsuppe 48
    Kräuter-Schilcher-Weinsuppe 49
    Einfache Schilcherrahmsuppe 50
    Südweststeirische Zwiebelsuppe 51
    Petersilienwurzelsuppe mit Schilcher 52
    Schilcher- oder Mostsuppe 52
    Weihnachtssuppe 53
    Schilcher-Zwiebelsuppe mit Zwiebeltarte 54
    Maronisuppe 55
    Apfel-Schilchersturmsuppe mit Kren 56
    Wiesenkräutersuppe mit Räucherforelle 56
    Klare Sellerie-Schilcher-Suppe mit gebeiztem Saibling und Gemüsejulienne 57
    Sturmsuppe mit Zander-Pofesen 58
    Fischbeuschelsuppe 59
    Weststeirische Bouillabaisse 59
    Beschwipste Kalbssuppe 60

  Gruß aus der Haubenküche 61
    Wein- oder Mostschaumsuppe mit Sternanis und Kletzenzwieback 61
    Gebackene Kürbisblüten 62
    Schilcher Biskuitroulade 63

Schilcherweinteig-Gerichte 64
    Schilcherweinteig 66
    Rote Rüben im Schilcherteig mit Krenschaum 66
    Austernpilze im Schilcherteig mit Roquefortsauce 67
    Gebackener Schafs-Rotschmierkäse mit Rohschinken im Schilcherteig
        und grünem Salat mit Wildkräutern 67
    Gebackener Schafskäse im Schilcher-Zimtbackteig mit Erdbeerschilcherragout 68
    Karpfenstreifen im Bier-Schilcherweinteig 69
    Hollerstrauben in Schilcherbackteig 72
    Apfelspalten in Schilcherweinteig 73

Hauptgerichte und Beilagen ... 74

    Sauce vom Blauen Wildbacher ... 76
    Feuriges Schilchergelee ... 76
    Chutney vom Roten Weingartenpfirsich ... 76
    Schilcher-Rotkraut ... 77
    Schilcherweinzwiebeln ... 78
    Schilcherrisotto ... 79
    Risotto mit Kürbis und Birnen ... 79
    Steinpilzragout mit Schafskäse-Knödel ... 80
    Krautnockerln mit Schilchersauce ... 81
    Schilcher Krautfleckerln ... 82
    Erdäpfelgulasch mit Schilcher ... 83
    Mariniertes Gemüse mit Schilcherbalsamico ... 83
    Schilcherkohlrabi ... 84
    Werndorfer Schilchermarinade für Geflügel und Schwein ... 85
    Hühnerleber im Blauen Wildbacher ... 85
    Schilcher-Hühnerbrüstchen mit Trauben und Polentadukaten ... 86
    Mandelhuhn mit Schilcher ... 87
    Gebackene Maishendlstreifen in Sesampaniere, Vogerlsalat mit
        Schilcheressig und Nussöl ... 87
    Gänseleber mit Nussbröseln, Topfenblätterteigtascherln und Rhabarbergelee ... 90
    Schweinsfilet in Schilcher-Zwetschken-Sauce ... 91
    Schweinsfilet mit Rosinenkümmelkruste und Schilcherzwiebeln ... 92
    Schilcher Krautfleisch ... 93
    Mariniertes Schweinsragout ... 93
    Schilcherbratl mit Stöcklkraut ... 94
    Peiserhof Schilcherschnitzerln ... 94
    Schilcherbraten mit Semmel-Fruchtfülle ... 95
    Schweinsfilet mit Zwiebelkruste im Schilchersaftl und
        Sterzlasagne mit Isabella Weintraubenblättern ... 98
    Lammkoteletts mit Traubenrahm und Maroniknöderln ... 99
    Schilcherlammbraten ... 100
    Lammfilet mit Marillen und Schilcher-Honig-Sauce ... 101
    Lammkotelett gegrillt mit süß-saurem Schilcher-Zwiebelgemüse ... 102
    Lammnüsschen in Schilchersauce mit grünem Spargel und Sterzdukaten ... 104
    Kalbsleber nach Schilcher Art ... 105

Kalbsrouladen in Schilchersauce 108
Ossobucco geschilchert 108
Saltimbocca geschilchert mit Kräuterrisotto 109
Schilcherkutteln 110
Eibiswalder Schilcherrostbraten 110
Rindsschnitzel in Wurzelsauce vom Blauen Wildbacher 111
Einfacher Schilcherbraten 111
Schilcher-Kräuterrahm-Schnitzel 112
Im Bergwiesenheu gebratenes Rindsfilet mit Gemüse, Schilcherzwiebelsauce
 und Erdäpfelküsschen 113
Rindsschnitzel mit Apfel-Nussfülle auf Sauce vom Blauen Wildbacher
 dazu grüne Bandnudeln 116
Kaninchen in Schilcherrahmsauce 116
Wildbacher Hirschgulasch 117
Filet vom Wildhasenrücken mit Wirsingblättern im Piroggenteig
 und Wildbachersauce 118
Wildbacher Reh- oder Hirschbraten 118

Aus der Koch-Schule geplaudert 119
Sturmcremesuppe mit Sauerkraut und Speck 119
Hendlsalat mit Schilcherbalsamicodressing 122
Mohnnudeln mit Paradeis-Zwetschken-Sauce 123
Gebackene Erdäpfelknödel mit Räucherlachs und Schilcherbalsamkren 124
Polenta, Blutwurst, Bachkrebse 125
Kalamari, Rindsfilet und Kürbis 125
Wild mit Schilcher-Kürbis-Gemüse 126
Rhabarberterrine mit kalter Erdbeersuppe 126
Schweinsfilet mit karamellisiertem Pattison und Erdäpfelpüree 127

Fischgerichte
Schilcherkarpfen 130
Karpfensülzchen in Schilchervinaigrette 131
Bachforelle mit Sauce vom Blauen Wildbacher 132
Forellenfilets mit Schilcher 132
Forelle Blau(er Wildbacher) 133
Forelle in Schilchersauce 134

Forelle in Schilchergelee	134
Schnelle Forelle	134
Räucherforellenlaibchen auf Vogerlsalat	135
Teichfisch auf Gewürzsalz mit Topinamburcreme und Schilchersauce	137
Gelbe Paprikaschaumsuppe mit Edelfischen und Flusskrebsen	137
Muscheln in Schilcherwein	140

Kuchlmastas Schilchertraum 141
    Saibling im Schilchersekt-Schaum mit Brennnessel-Spinat 141

Desserts und Süßspeisen 142

Schilcherweingebäck	144
Geschilcherte Keks	144
Schafsfrischkäse mit Honig und Schilcheräpfel	145
Kräuter-Schilcher-Gelee	146
Schilcherkeks	146
Schilcherkuchen	146
Nusspudding mit Schilcherschaum	147
Weintraubenknödel	147
Schilcherpalatschinken mit Waldbeerensauce	148
Schilcherweinkoch	149
Schilchermuffins mit Beeren	149
Schilcherecken mit Duftgeranien	149
Schilchergelee-Kürbiskern-Kuchen mit Schilchersabayon	150
Schilchersturmtorte mit Weingartenpfirsichen	150
Schilcher-Grießflammerie	151
Schilchertorte im Nebel	152
Schilcherstrauben	154
Schilcher Triet	154
Schneenockerln mit Schilchercreme	155
Marillenbuchteln mit Schilcher-Pflaumen-Parfait	158
Schilchercreme	159
Rhabarber-Schilcher-Creme	159
Avocado-Weincreme	159
Schilcher Erdbeersulz	160
Äpfel in Schilchergelee	161

Dirndln in Blauem Wildbacher 161
Kürbiskernmousse mit Schilcherschaum 161
Kürbiskern-Zwieback mit Schilcher Eiswein 162
B'soffener Kapuziner (Schilcherpudding) 163
B'soffene Birne 164
Geeister Schilcherschaum 164
Sorbet vom Blauen Wildbacher 165
Flambiertes Erdäpfeleis mit Himbeersauce 166
Schilcher Kürbisbowle 166
Schilcherparfait in der Hippe 167
Schilcherpunsch 168
Erfrischende Schilcherbowle 168
Schilcher-Weißbrot-Zuppa 168

Die Schilcherkulinariker der südlichen Weststeiermark 170

Glossar 172

Literatur- und Quellenangaben 174

Vorwort

Ohne Zweifel kann man behaupten, dass ich in der steirischen Weinwelt wein-sozialisiert bin. Dennoch war es auch ein glücklicher Umstand, der mich insbesondere dem Schilcher, seiner kulinarischen Umsetzung und damit auch der Südweststeiermark näher brachte. Dr. Wolfgang Weber, GeoSys, knüpfte die Kontakte und brachte meine kulinarische Kompetenz ins Spiel und so entstand ein Qualifizierungsprojekt für die regionalen Gastronomie- und Buschenschankbetriebe in dessen Mittelpunkt natürlich das Leitprodukt der Region – der Schilcher – steht. Auftraggeber dieses Projektes war der Tourismusverband Südliche Weststeiermark. Dabei entstand in Kooperation mit den Partnerbetrieben – siehe Liste am Ende des Buches – eine ansehnliche Sammlung mit Schmankerln aus der Schilcherkulinarik – die Highlights finden Sie im vorliegenden Buch. Wobei es nun an mir ist, mich herzlich für die gute Zusammenarbeit zu bedanken: stellvertretend der Obfrau Margit Pusnik und dem unermüdlichen Sekretariat mit Frau Dagmar Brauchart.

Diese Seite möchte ich darüber hinaus aber auch nützen, den vielen weiteren Menschen zu danken, die mir in unterschiedlichster Weise bei der Erarbeitung und Umsetzung behilflich waren: u. a. den Familien Fuchsbichler, Kraschitzer, Fischer (alle, aber besonders Agnes und Julia), Emberger, El-Labadi sowie Helma Prelicz, Firma Ribul Glas und Geschirr, Wies, Natursteine Martin Schenk, Stainz, Tischlerei Konec, Feldkirchen und Ing. Karl Deixelberger, Weizer Schafbauern.

Den Partnerbetrieben des Tourismusverbandes danke ich für die fruchtbare Zusammenarbeit – ca. 5 kg Lebendgewichtzuwachs meinerseits – und die Überlassung ihrer hervorragenden Produkte für die Verkochung.

Die fotografische Meisterleistung hat in bewährter Weise mein langjähriger Projektpartner Dr. Andreas Scheucher – VISIONAS – vollbracht. Dafür an dieser Stelle wieder einmal herzlichen Dank.
Ich bedanke mich auch herzlich für die schon traditionellen Beiträge bei Mag. Sandra Chum, meinen Kochvorbildern und Kollegen Willi Haider, Kuchlmasta Peter Lexe und Kochartist Franz Peier.

Hinter vielen guten Produkten stehen starke Frauen. Bei mir sind es gleich zwei namens Christine. In erster Linie meine Frau Christine Fuchsbichler, die mir privat und für dieses Projekt wieder einmal ordentlich ihre Hände gereicht hat. Zum Zweiten Mag. Christine Wiesenhofer, die mir als Prokuristin des Verlages, als Lektorin und mittlerweile in Freundschaft verbunden ebenso seriös wie unterhaltsam zur Seite gestanden ist. Bereits zum dritten Mal zeichnet Thomas Hofer für die ansprechende Gestaltung verantwortlich. Dafür ein herzliches Dankeschön.
Nicht zuletzt bedanke ich mich wieder bei Doris und Günther Huber vom Landhauskeller in Graz für ihre ständige Unterstützung.
Ihnen, liebe Leserinnen und Leser, liebe Schilcherkulinarikinterssierte, wünsche ich nun gutes Gelingen – und wenn es einmal nicht so recht klappt, dann nicht „verzweigeln", sondern „schilchern".

Taliman Sluga,
Südliche Weststeiermark/Graz, Herbst 2007

Das Schilcher-Kochbuch

Schilchergarten bei St. Ulrich in Greith

Einleitung

„Und doch ist der Schilcher ein Nahrungsmittel. Wer ihn nicht trinken will, kann ihn auch essen: In der Weinsuppe, bei Forelle in Schilchersauce, im Bröselkoch mit heißem Schilcher – oder ihn als Würze verwenden in der Beuschelsuppe oder der Flecksuppe oder im Ragout oder auch kalt in jedem Salat. Nach dem Verzehr dieser Speisen ist der Führerschein beim Koch abzugeben." So schreibt Reinhard P. Gruber in seinem Schilcher ABC unter dem Buchstaben „R".

Damit ist fast schon alles gesagt, relativieren möchte ich nur den letzten Satz. Der Alkoholgehalt ist bei den Schilcherspeisen in der Regel durchwegs nicht verkehrsuntauglich promilliös, ausgenommen explizite Schilchersuppen, Punsch oder Bowlen.

Mit dem Schilcher hat die Weststeiermark von Ligist bis Eibiswald einen Wein, für den der Begriff „Terroir" geradezu erfunden worden ist. Der Gneis-Schieferboden der Koralm Ausläufer, die hügelige Landschaft, das einzigartige Klima der Region und die spezifische Produktion erfüllen alle Definitionspunkte. Ein Wein mit einer jahrtausendealten Tradition und doch so modern. Für diese zeitgemäße Qualität sorgen die heimischen Weinbauern schon seit geraumer Zeit. Ebenso wie sie für die Vielfalt der Produkte aus der Blauen Wildbacher Traube sorgen. Schilcher klassisch, Schilcher mit erhöhter Restsüße, Schilcher gleich gepresst (weiß), Blauer Wildbacher (rot), Schilcher Sekt, Frizzante, Schilcher Trockenbeerenauslese, Schilcher Eiswein, Schilcher Likör, Schilcher Tresterbrand, Schilcher Hefebrand, Schilcher Weinbrand, Schilcher Traubensaft, Schilcher Sturm, Schilcher Weinsessig, Schilcher Traubenkernöl sowie kauffertige Schilcherprodukte wie Schilchergelee, Schilchertrüffel, Schilcherschokolade etc.

Der kulinarische Hauptdarsteller dieses Kochbuchs, der Schilcher, ist also vielfältig, aber er ist auch ein Produkt mit einer langen Geschichte und Tradition. Archäologische Funde belegen sein Bestehen in der Schilcherregion schon seit der Keltenzeit. Schriftliche Zeugnisse berichten vom Schilcher aus der Zeit des römischen Reiches und aus dem 16. Jahrhundert. Danach werden die Berichte dichter, spätestens seit den weinbaufördernden Aktivitäten von Erzherzog Johann ist er aber ständig am Tablett, respektive am Tisch. Letztlich waren es aber auch die Folgen des Weinskandals 1985 und vor allem die fruchtbare Ausbildungsarbeit der Weinbaufachschulen wie Silberberg, die die steirische Weinproduktion – natürlich auch die des Schilchers – auf einen hohen Qualitätslevel gehoben haben.

Mit diesem Leitprodukt der Schilcherregion kann aber nicht nur die (Land)Wirtschaft reüssieren, sondern natürlich auch der Tourismus. Die Gäste genießen diesen regionaltypischen Wein und auch alles rundherum. Kulturelle, erholungspendende und starke kulinarische Angebote werden gesucht und gefunden. Insbesondere die südwestliche Steiermark von der Soboth über Eibiswald bis Pölfing-Brunn hat sich der kulinarischen Umsetzung des Schilchers verschrieben. So werden hier, im besten Eck der Steiermark, auch entsprechende Köst-

Das Schilcher-Kochbuch

Schilcher vor der Etikettierung

lichkeiten angeboten, die selbstverständlich die übrigen regionalen kulinarischen Säulen wie Sterz, Kürbis, Maroni, Teich- und Bachfische etc. mit berücksichtigen und dennoch weltläufig bleiben.

Die südliche Weststeiermark bietet darüber hinaus viele Anknüpfungspunkte für Bewegungshungrige, sei es zu Fuß, auf Mountainbike, Pferd, Langlaufschiern, Schneeschuhen oder Motorrad. Viele themenbezogene, markierte Wege laden dazu ein. Der Erholungsfaktor ist durch eine abwechslungsreiche Landschaft, die möbliert ist mit zahlreichen kulturellen Kleinodien und Genussstationen, überdurchschnittlich groß.

Gastronomie, Buschenschenken, Produzenten und Gewerbebetriebe der Region unternehmen große Anstrengungen, den kulinarischen Genuss aus hochwertigen heimischen Produkten zu garantieren. Bewegen, erholen und genießen mit einer vielschichtigen Schilcherkulinarik, mit Kunst und Kultur sowie unterschiedlichen Sportangeboten ist hier gepaart mit einer herzlichen Gastfreundschaft. Und das alles unter dem Banner des Schilchers.

Dieses Kochbuch gibt einen kleinen Einblick in die kulinarischen Möglichkeiten, mit Schilcher zu kochen. Es soll Lust machen, die regionalen kulinarischen Interpretationen vor Ort kennen zu lernen und sich bei bewegtem Körper und Geist, bei Sport und Kultur in gastfreundlicher Umgebung zu erholen. Ich lade Sie herzlich ein, kulinarische Vorfreuden oder Nachlesen mit Schilcherspeisen auszuprobieren und zu genießen.

Was ist rosé, was ist Schilcher?

Als Roséweine bezeichnet man Weine aus blauen Trauben, die aber wie ein Weißwein hergestellt werden. Dabei liegen die Beeren nur wenige Stunden auf der Maische, denn je länger das der Fall ist, umso stärker gefärbt, von lachsfarben bis kirschrot, ist der Wein.

Man kennt rund ein halbes Dutzend unterschiedlicher Herstellungsverfahren für Rosé. Hier sollen einige vorgestellt werden:

1) Gleich oder weiß gepresst: Die Trauben werden für die Maische nicht zerkleinert, sondern abgepresst und wie Weißwein ohne Schalen vergoren. Dies liefert sehr helle Roséweine wie den in Deutschland bekannten Weißherbst.
2) Die zerkleinerten Trauben liegen zwei bis drei Tage auf der Maische und werden dann abgepresst. Das ergibt deutlich rote Roséweine.
3) Die Saignée-Methode: Hier werden die Trauben nicht gepresst, sondern liegen bis zu vier Tage in der Maische. Durch den Eigendruck der Masse rinnt der Most ab, der allerdings nur einer Menge von 10 bis 15 % des herkömmlichen Pressgutes entspricht. Der so gewonnene Most wird als Roséwein vinifiziert.
4) Bei der Herstellung von Roséschaumweinen wird meist folgende Methode angewendet: Vergorener Weißwein wird mit 10 bis 20 % Rotwein vermischt.
5) Schon in der Antike kannte man Verfahren, um Rotweine mit Asche aufzuhellen. Heutzutage wird Rotwein zunächst von Tanninen befreit. Das geschieht durch starkes Schönen. Dann wird der Wein mit Aktivkohle aufgehellt.

In jeden Fall ist das Ergebnis ein Wein, der durch seine hellrosa Färbung die nahe liegende Bezeichnung Rosé erhält. Durch die ständige Verbesserung der Verarbeitungstechnik ist mittlerweile eine sehr gute Qualität von Roséweinen zu beobachten, die Erfahrung, Persönlichkeit und Eigenständigkeit der Winzer widerspiegeln. Dazu kommt, dass durch immer bewusstere Konsumenten der Einsatzbereich sich vom süffigen Sommerwein hin zu kompetenten Essensbegleitern in der modernen Küche erweitert hat.

Eine besondere Spielform des Roséweines ist sicherlich unser Hauptdarsteller, der Schilcher. Gekeltert aus der Blauen Wildbacher Traube ist er ein Synonym für die Weststeiermark. Durch Unkenntnis der Qualitätsentwicklung der letzten Jahre und althergebrachte Vorurteile (seitens der Konsumenten) ist Schilcher immer noch polarisierend. Die steirischen Schilcherweinbauern haben aber in den letzten Jahrzehnten enorme Qualitätssprünge gemacht. Einerseits in der Produktion von der Rebe bis ins Glas, andererseits aber auch in der Kommunikation dieser besonderen Qualität. Man kann durchaus schon von Erziehung zum Schilchergenuss reden. Genuss braucht Bildung, dieser Slow-Food-Slogan gilt natürlich auch hier. Zugute kommt dem Schilcher, dass sich die Geschmackstrends beim Wein durchaus stark in die steirische Linie der Weißweine entwickelt haben. Da kommt der fruchtige, säurebetonte Schilcher gerade recht. Für Einsteiger gibt es Ausbauten mit einem höheren Restzuckeranteil, was den Wein harmonischer und für diese Konsumentengruppe trinkbarer macht. Nach und

Das Schilcher-Kochbuch

nach lernt man dann die Vielfalt der Blauen Wildbacher Rebenprodukte kennen und lieben. Als genussvolles Getränk, als hervorragender Essensbegleiter oder in der kulinarischen Umsetzung.

Schilcherfrizzante oder -sekt als Aperitif, klassisch zur kalorienstarken Brettljause, als Kochzutat und Begleiter zu Fisch, Rind, Schwein, Lamm, Wild und Gemüse, als Käsebegleiter je nach Art von trocken bis süß, als runder Rotwein oder als Trockenbeerenauslese zu einem köstlichen Dessert.

Schilcher ist die Kurzformel für eine Vielfalt an Produkten aus der Blauen Wildbacher Traube. Es gibt ihn gleich gepresst und damit als Weißwein, mit einem feinfruchtigem Bouquet, spritzig mit anregender Säurestruktur. Der klassische Schilcher hat ein Farbenspiel von blassrosa über zwiebelfarben bis rot im trockenen, halbtrocknen, halbsüßen und süßen Ausbau. Duftige, anregende Beerenaromen paaren sich da mit der typischen, feinfruchtigen Säure. Als Rotwein gekeltert glänzt er mit einer rubinroten Farbe mit einem ausgewogenen Tanninanteil, trotzdem mit einer tiefen würzigen Frucht und eigenständig in Bukett und Geschmack. Den Blauen Wildbacher gibt es auch als Cuvée, vornehmlich mit Zweigelt, die die weiche Frucht des Blauen Zweigelts mit der intensiven Frucht des Blauen Wildbachers und seinem herben Charme verbindet.

Für einen Schilcherfrizzante oder Schilchersekt lasse ich jeden der modischen Schaumweine stehen. Erfrischend und appetitanregend, fruchtig und geschmackvoll prickeln diese Schilchervariationen auf Zunge und Gaumen.

Auf der gegenüberliegenden Seite der Geschmacksskala bestechen Schilcher Spätlesen, Beerenauslesen und Eisweine mit einem Restzuckergehalt von bis zu über 200 g/l durch ein extremes Zucker-Säurespiel.

Ein Digestif der besonderen Art mit Anklängen an Portwein ist der von einigen Betrieben der südlichen Weststeiermark produzierte Schilcherlikör. Wie rötliches Bernstein im Glas schimmernd, mit Aromen von Dörrpflaumen und Feigen in der Nase und einer pikanten, dezenten Honigsüße am Gaumen ist er eine Spezialität. Aus Schilchertraubensaft und Schilcherbrand bereitet ist er für Liebhaber ebenso wertvoll wie geeignet für den Einsatz in der Weinküche.

Schilchertraubensaft und Schilchersturm, Schilcheressig und Schilcherbalsamico gehören aber auch zur großen Schilcherfamilie mit der je eigenen Schilcherqualität. In weiterer Folge sind auch die Edelbrände aus dem Wein, der Hefe und dem Trester vom Schilcher hochprozentige Spezialitäten. Nicht zuletzt möchte ich noch auf ein kulinarisches Spitzenprodukt hinweisen, man könnte es despektierlich auch als Schilcher Abfallprodukt bezeichnen – das Schilchertraubenkernöl. Nur soviel von meiner Seite: auch davon bin ich „hin und weg" – Olivenöl war gestern.

Das alles ist Schilcher – ein wahres Genussuniversum, das in der südlichen Weststeiermark noch übertroffen wird durch das ebenso große Universum der kulinarischen Interpretationen.

Die Geschichte des Schilcherweins

Auf den Hügeln der Weststeiermark reift seit mehr als zwei Jahrtausenden ein Wein, der seine Ursprünglichkeit und Besonderheit erhalten hat und somit zu den ältesten Weinen Mitteleuropas zählt, der Schilcher.

Lange vor den Römern, bereits in der La-Tène-Zeit, um 400 v. Chr., sollen die Kelten im Gebiet der heutigen Steiermark einen Wein aus der heimischen Wildrebe, der Wildbachertraube, gezogen haben. Darauf aufbauend haben die Römer den Weinbau und Handel weiter ausgebaut. Während der Völkerwanderung ging der Weinanbau naturgemäß zurück, aber schon im frühen Mittelalter sorgten Grundherren, Klöster, Stifte und Pfarren für einen Aufschwung und der Weinhandel gedieh zu einem ordentlichen Wirtschaftsfaktor. Im Weinbuch des Johann Rasch aus dem Jahre 1580 haben wir ein erstes schriftliches Zeugnis vom Schilcherwein. Danach kommt er in allen Kellerbüchern der steirischen Herrschaften und Klöster vor. Der Wein wurde über die Weinebene auch nach Kärnten und weiter exportiert.

Ein markantes Datum ist auch das Jahr 1784, wo Joseph II. das so genannte Buschenschankgesetz als kaiserliches Patent einführte, wonach die Bauern selbsterzeugte Lebensmittel – und der Schilcher gehörte dazu – frei verkaufen durften. Diese Einrichtung schätzen wir ja heute nach wie vor. 1811 hatte der Schilcher schon einen so guten Ruf, dass er im Kometenjahr als Elfer- oder Kometenwein bezeichnet wurde.

1827 verbrachte Franz Schubert im Herbst einige Wochen auf Schloss Wildbach, wo er gemeinsam mit seinem Komponistenfreund Anselm Hüttenbrenner auch dem Schilcher zusprach. Letzter allerdings etwas mehr, was Hüttenbrenner den Spitznamen „Schilcherl" einbrachte.

1841 wurde die Wildbacherrebe zum ersten Mal klassifiziert. Erzherzog Johann war ein großer Förderer des Schilchers und so erreichte die Schilcherkultur um 1850 einen hohen Stand. Leider unterbricht die Reblaus um 1880 den weiteren Erfolg des Schilchers, wie auch des übrigen Weins in unseren Breiten. Aber mit Hilfe amerikanischer, reblausimmuner Unterlagsreben konnten die Folgen dieser Katastrophe langsam wieder ausgemerzt werden.

Nach dem Ersten Weltkrieg erlitt der steirische Weinbau wieder einen Einschnitt, nicht nur territorial durch die Abtrennung der Untersteiermark. Direktträgerweine sollten aus wirtschaftlichen und qualitativen Überlegungen zurückgedrängt werden und weil doch einige den Schilcher mit den Direktträgern in einen Topf warfen, dauerte es lange, ihn wieder zu rehabilitieren.

In der Nachkriegszeit kam der Schilcher aus der Mode, der allgemeine Geschmackstrend war mehr auf süß eingestellt. Seit Anfang der 1970er Jahre geht es mit dem Schilcher aufgrund der Umkehr im Geschmackstrend der Konsumenten aber wieder aufwärts. Vor allem durch die qualitätsbewusste Arbeit der Weinbauern steht der Schilcher mit anderen steirischen Weinen immer wieder in der ersten Reihe bei Prämierungen. Das Anbaugebiet des Schilchers in der Weststei-

Das Schilcher-Kochbuch

Darstellung der Blauen Wildbacher Traube im Atlas der Traubensorten von Herrmann und Rudolf Goethe, 1874–1876

ermark reicht von Ligist über St. Stefan, Greisdorf, Stainz, Bad Gams, Wildbach, Deutschlandsberg, Schwanberg bis Eibiswald. Auch in Orten der Oststeiermark wird der blaue Wildbacher gekeltert, doch sein typisches Bukett kann er nur auf Urgesteinsböden, den Gneis- und Schieferböden des weststeirischen Hügellandes entwickeln.

Seit rund 30 Jahren gibt es ein Gesetz zum Sorten- und Herkunftsschutz des Schilchers. Als Schilcher dürfen nur Weine deklariert und verkauft werden, die ausschließlich aus steirischen Blauen Wildbacherreben gekeltert sind. Zusätzlich gibt es Qualitätskriterien wie das „Weiße Pferd", wobei Herkunft und Menge strengstens kontrolliert werden.

Heute wird der Schilcher auf rund 450 ha angebaut und nimmt damit in der Steiermarkstatistik nach dem Welschriesling (20 %) mit 14 % Anteil an der Gesamtrebenfläche den zweiten Platz ein.

Der klassische Schilcher ist ein sehr urtümlicher Wein, der aber durch die Kunst der Weinbauern zu einer gesuchten Weinspezialität geworden ist. Die sortentypischen Aromen reichen von Erdbeeren über Cassis, Himbeeren, Blutorangen und Ribisel bis Gras. Die Farbe wird, je nach Anbaugebiet, von Norden nach Süden immer dunkler und reicht von zartrosa über zwiebelfarben bis himbeerfarben. Rot ausgebaut heißt der Schilcher Blauer Wildbacher und ist rubinrot.

Reinhard P. Grubers Schilcher ABC wurde schon erwähnt, auch andere Schriftsteller haben den Schilcher literarisch gewürdigt. Hans Kloepfer, der regionale Dichter-Arzt, meinte beispielsweise eingangs seines Schilchergedichts:
„Den Schilcher – wann mas recht betrocht –
Hot unser Herrgott extra gmocht
Nur für' Steira als a Gnod,
dass er zu jeder Stund wos hot ...."

Aber weil die Menschen in der südlichen Weststeiermark sehr gastfreundlich sind, geben sie den Gästen auch gerne etwas vom Schilcher ab, natürlich auch vom kulinarisch veredelten.

Viele Künstler, die für kürzer oder länger in die Region kamen, wurden auch vom eigenen Charme des Schilchers gefangen genommen, ob Gerhard Roth oder Erwin Steinhauer u. a. m. Sie alle haben gemerkt, es ist nicht nur ein besonderer Wein, Schilcher ist auch ein hervorragendes Lösungsmittel für die Aromen der Region.

Sowohl Landessieger als auch Jungwinzer des Jahres 2007 kommen aus der südlichen Weststeiermark, dem südlichsten Anbaugebiet des Schilchers, wo auch die Kulinarik um diesen Wein besonders gepflegt wird.

Wo die Schilcherkulinarik zu Hause ist, die südliche Weststeiermark

Guntschenberg, Wernersdorf

Die Schilcherregion, das Schilcheranbaugebiet erstreckt sich von westlich von Graz über Ligist, Stainz, dem Schilchertrauben namensgebenden Wildbach, Deutschlandsberg bis nach Eibiswald. Auf der Schilcherstraße können Sie dieses einmalige Gebiet im doppelten Sinn erfahren.

Der Norden des Schilcherlandes mit Ligist, Stainz und Deutschlandsberg ist seit langem auf das Engste mit dem Schilcher verbunden.

Der südliche Teil der Weststeiermark aber widmet sich nun neben den Schilchervariationen als Getränk insbesondere der kulinarischen Umsetzung zu köstlichen Gerichten. Darüber hinaus ha-

Das Schilcher-Kochbuch

Deutschlandsberg

ben aber die 11 Gemeinden (Soboth, St. Oswald, Aibl, Eibiswald, Großradl, Wielfresen, Wernersdorf, Wies, Pitschgau, Pölfing-Brunn, St. Ulrich im Greith) dem Touristen viel zu bieten, was sich in der Kurzformel „bewegen, erholen, genießen" zusammenfassen lässt. Der Tourismusverband Südliche Weststeiermark unterstützt das alles tatkräftig, siehe www.suedweststeiermark.at.
Eine Region lebt aber nicht nur vom Essen und Trinken. In der Südweststeiermark ist die kulinarische Seite wunderbar eingebettet in ein touristisches Wohlfühlambiente. Die Landschaft ist abwechslungsreich von hügelig bis sanft gebirgig, Almen, Wälder, Täler mit sauberem Wasser wechseln mit Wein- und Obstgärten, Fischteichen und anderer Kulturlandschaft. Kulturgeschichtlich interessante Kleinodien finden sich hier genauso wie moderne Kapellen oder ein weithin bekanntes Kunsthaus. Bäuerliche Museen und zeitgenössisches Ausstellungen, traditionelle Volkskulturveranstaltungen und aktuelle Konzert- und Theaterproduktionen finden sich hier in einem kongenialen Miteinander. Sport, Kultur und kulinarischer Genuss mit hohem Erlebnis- und Erholungsfaktor unter der einigenden Krafft des Schilchers in einer Region, die noch sehr viel weiteres Potential hat, das sollte sich kein Genießer, keine Genießerin entgehen lassen.
Bewegen, erholen, genießen ist in der Südweststeiermark also ausreichend möglich. Der Genuss, vor allem mit Schilcher und regionalen Produkten subsummiert unter dem Begriff Schilcherkulinarik ist hier zu Hause. Wo sonst?

Alle kochen mit Wasser, alle? Nein, es gibt eine Region in der Steiermark, die kocht mit Wein, was sage ich, die kocht mit einem besonderen Wein, dem Schilcher. Dass Schilcher nicht gleich Schilcher ist, habe ich an anderer Stelle bereits festgehalten. Demgemäß ist auch die Schilcherweinküche sehr vielfältig, im privaten wie im gastronomischen Bereich.
Die Gastronomie in der Südweststeiermark ist verschiedenen Initiativen verpflichtet, die alle ein Ziel haben. Erstens Qualität und zweitens die Umsetzung von guten regionalen Produkten zu guten Speisen verbunden mit einem guten Service der unterschiedlichsten Art.
Im speziellen Fall möchte ich die gastronomischen Partnerbetriebe des Tourismusverbandes

Südliche Weststeiermark kurz vorstellen. In Eibiswald ist dies Hasewend's Kirchenwirt. Die Küche ist weithin bekannt wie die Freundlichkeit und Kompetenz der Betreiberfamilie. Das Hotel-Restaurant Kloepferkeller fühlt sich der regionalen Küche besonders verpflichtet, serviert im eigentlichen Kloepferkeller mit Tischen in Riesenweinfässern oder im wunderschönen Gastgarten.

Heidelore Strallhofer-Hödl, Autorin des Buches „Mutter der Weinstraße trifft Höllerhansl", bezeichnet sie als Kulturinseln, die Buschenschenken. Der Buschenschank Pichlippi, vlg. Haring, in Eibiswald-Hörmsdorf bietet neben einem kulinarisch, bacchanalischen Angebot auch eine Aussichtsterrasse und einen Gastzimmer-Klapotetz. Der Buschenschank Krottmayer, vlg. Glirsch, in Eibiswald-Kornriegel kann zum kulinarisch-geselligen Angebot ein interessantes Weinbaumuseum mit einem stimmungsvollen Fasskeller aufwarten. In Wies betreibt das Gasthaus Kirchenwirt Mauthner auch Schilcher-Weinbau und eine Fleischhauerei. Als Radlwirt bekannt ist das Gasthaus Köppl. Das Restaurant „Zur schönen Aussicht" der Familie Strohmaier bietet zur Schilcherkulinarik auch eine große Weinauswahl und zahlreiche Veranstaltungen an.

In St. Ulrich im Greith ist das Mörtlweberland bekannt als Karpfenspezialist und für das Reiten für Anfänger bis Profis, von small bis xxxl.

Der Kräuterhof Pratter vlg. Kristertoni vermarktet seine Kräuter, Tees und Kräuterpasten über Schilcherland Spezialitäten und veranstaltet auch einschlägige Kurse und Kräuterwanderungen.

In Richtung Soboth möchte ich den Mallihof in St. Oswald ob Eibiswald erwähnen – Urlaub am Bauernhof, Produzent und Vermarkter von Vollwertgetreide, Fruchtsäften und Obst, sogar Kiwis. Grenzenlos fischen ist ebenfalls angesagt.

In Soboth Ort ist der Alpengasthof Messner im Sommer und im Winter eine Destination für wandernde, fischende, radelnde und kulinarisch interessierte Erholungssuchende.

Ein richtiger Geheimtipp ist das Landgasthaus Lindner. Speisen in der großen Rein oder Pfanne, gekocht auf dem Holz gefeuerten Tischherd, sind ein Gedicht. Herr Weißensteiner betreibt

Das Schilcher-Kochbuch

Schloss Wildbach

Kübelfleisch und Tschuttera

aber auch eine Füllstation für Taucher am Stausee. Ebendort befindet sich das Seecafé, das viele Freizeitmöglichkeiten im Lokal und am See anbieten kann. Frische Fische mit Schilcher zubereitet dürfen da nicht fehlen.

Bemerkenswert ist die selbstverständliche Gastfreundschaft der ganzen Region, die Betreiber der Gasthöfe und Restaurants sind wahrlich Gastgeber zu nennen. Das hat ebenso Tradition wie die moderne Interpretation von traditionellen Gerichten oder traditionellen Geräten. Als Beispiel möchte ich Hasewends Kübelfleisch erwähnen, eine regionale Konfit-Spielart, oder Waltraud Jöbstls Schilchertresterbrand in der „Tschuttera". Das ist eine Flasche, nachgegossen einem historischen Vorbild, einem „Flachmann, wie er früher auf Wahlfahrten, Reisen oder Jagden Verwendung fand und in der Südweststeiermark erzeugt wurde.

Wein in der Küche, Schilcher auf dem Teller

Wein in der Küche kann den Charakter eines Gerichtes fördern, verändern oder dominieren. Wein kann also mehrfach wirken, einerseits fungiert er in kleinen Mengen als Würze, andererseits kann er im verstärkten Einsatz einem Gericht Fruchtigkeit und Raffinesse verleihen. Bei Schmorgerichten vereint Wein die Aromen mit dem eigenen zu einem neuen, harmonischen Geschmack. Bei Desserts bringen fruchtige oder süße Weine eine Verdoppelung des Genusses. Insbesondere die Schilchervariationen sorgen in der Küche für überraschende Frische, Fruchtigkeit, Leichtigkeit und Tiefe.

Haben Sie keine Angst, dass Wein im Essen mit zuviel Alkohol verbunden ist. Der allergrößte Teil verdunstet während des Kochvorganges, wenngleich immer etwas Alkohol verbleibt. Alkoholiker sollten auf diesen Umstand immer hingewiesen werden. Mit wenigen Ausnahmen wie Schilchersuppen oder Bowlen sind aber alle Speisen kindertauglich.

Der Säuregehalt des Schilchers beträgt durchschnittlich 10,5–11,5 ‰, der Restzucker 0,8–4 g/l und der Extrakt 22–30 g/l, daher ein Wort zur Säuren- und Geschmackseinteilung allgemein: Die Summe aller vorhandenen, titrierbaren Säuren versteht man unter Gesamtsäure. Die Angabe erfolgt üblicherweise in g/l, seltener in ‰. Üblicherweise wird für Wein ein Gehalt an gesamter Säure von 6–10 g/l angestrebt, wobei die letztendlich gewünschte Höhe abhängig vom Restzuckergehalt ist.
In Traubenmost bzw. Wein liegen hauptsächlich Weinsäure und Äpfelsäure vor. Milchsäure-, Zitronen-, Bernstein- oder Ascorbinsäure können normalerweise vernachlässigt werden. In „reifen" Jahrgängen liegt bei Trauben das Verhältnis Weinsäure:Äpfelsäure bei ca. 2:1. In „unreifen" Jahren überwiegt die Äpfelsäure bis zu 1:2. Bei anderen Früchten ist die Weinsäure von untergeordneter Bedeutung.

Daraus ergeben sich die üblichen Geschmackseinteilungen: trocken (Restzucker von 4–9 g/l, wenn der Zuckergehalt kleiner als der Säuregehalt + 2 ist), halbtrocken (Restzucker von 12–18 g/l, wenn der Zuckergehalt kleiner als der Säuregehalt + 10 ist), lieblich oder halbsüß (Restzucker von 18–45 g/l) und süß (Restzucker mehr als 45 g/l).

Für ein gutes weinartiges Getränk sollte der Zuckergehalt zwischen 10–15 ‰, der Säuregehalt zwischen 0,1–1,9 g/l liegen. Direkt vermostet werden können daher nur Trauben, Äpfel, Birnen und Pfirsiche. Alle anderen Früchte müssen mit Zucker und Säuren nachbehandelt werden.

Für die Schilcherkulinarik sind vor allem auch die Kombination mit den übrigen regionalen, kulinarischen Leitprodukten interessant: Fleisch vom Rind, Schwein, Lamm, Wild, Geflügel und (weststeirischen Teich)Fisch, Gemüse, Kräuter, Käferbohnen, Mais, Sterz, Polenta, Kürbis und Kernöl, Getreide, Brot und Gebäck, Öle und Essige, Maroni, Milch und Käse.

Dabei ist einerseits wichtig zu beachten, inwiefern der ausgeprägte Säurecharakter mit diesen Produkten für interessante Gerichte harmonisch kombiniert werden kann. Andererseits aber auch, welche Schilchervarianten zu welchen Gerichten am besten passen.

Grundsätzlich passt der Wein, mit dem gekocht wurde auch als Weinbegleiter zum jeweiligen Gericht. In der Regel steigern sich Weine im Verlauf eines Menüs mit den Speisen von der Vorspeise, über Suppe, Zwischengericht, Salat, Hauptspeise bis zum Dessert. Käse, Salat oder ein Sorbet kann in der Reihenfolge bei der Weinbegleitung Probleme machen, wenn dazu nach einem schwereren Wein ein leichter passender erscheint. Roséweine wie der Schilcher haben da eine gute Einsatzmöglichkeit.

Durch den säurebetonten Charakter des Schilchers eignet sich der **klassische Schilcher** bei der Speisenbegleitung am besten für die Kombination mit Fett, Rahm, Öl, also durchaus deftigeren Speisen. Außerdem sind in erster Linie die Kombinationen mit hellem Fleisch, hellem Gemüse und Fisch erfrischend wohlschmeckend. Er passt als Begleitgetränk gut zur klassischen Brettljause, zu Wienerschnitzel mit Preiselbeeren, Schilcherrahmsuppe, Carpaccio vom Fisch, Lamm, Lachsterrinen.
In der Küche ergeben Kombinationen mit süßem Gemüse wie Karotten und Sellerie oder Zucker- oder Honigbeigaben eine andere Geschmacksrichtung, eine geschmackliche Harmonie. Beispiele:
Eingelegtes Gemüse, Schilcherweinteig, Schilcherkrautfleisch, Schilcherrahmsuppe, Fischbeuschelsuppe, Kürbisrisotto, Schilcherkrautfleckerln.

Schilcher halbtrocken, Restzucker um 10–18 g/l, mit dem schon ausgewogenen Säure-Restzucker-Spiel passt sehr gut zu Gerichten mit Gemüse, hellen Pilzen, Geflügel, Huhn, Ente, aber auch zu Hase, Kaninchen, Schweinefleisch oder Kalbfleisch, Spargel mit Schilcher-Hollandaise, Erdäpfelstrudel, gefüllten Polentazwiebeln. Auch Meeresfrüchte schmecken mit dieser Schilchervariante recht gut. Beispiele für den Einsatz in der Küche: Schilcherrahmsuppe, Schilcher Hühnerbrüstchen mit Trauben, Maronisuppe, Mandelhuhn mit Schilcher, Kalbsleber mit Nussbröseln, Topfenblätterteig mit Rhabarbergelee, Muscheln in Schilcherwein.

Edelsüße Schilcher mit Restzucker um 20 g/l, wo die Süße mit dem Säurecharakter im Hintergrund unvergleichlich spielt, machen diesen Schilcherausbau ideal für fruchtige Speisen, Fleischspeisen mit Früchten bis hin zu Innereien von Geflügel, Kalb oder Schwein, zu Erdbeerroulade, Erdbeerjoghurttörtchen, karamellisiertem Kaiserschmarrn, gratinierten Waldbeeren, Mohnnudeln mit Paradeis-Zwetschken-Sauce, Lammfilets mit Marillen und Schilcher-Honig-Sauce. Kücheneinsatzbeispiele: Schilcherzwiebelsuppe, Lammkoteletts mit Traubenrahm, Schilchertorte, Schilcherpalatschinken mit Waldbeeren.

Schilcher Trockenbeerenauslese, Eiswein, Restzucker mehr als 45 g/l, eignet sich als Begleitung für Schilchersturmtorte mit Weinbergpfirsichen, Blauschimmelkäse oder Schilcher-Erdbeersulz. Beim Kücheneinsatz denke man an Desserts, Fruchtterrinen, Schilcherpunsch, flambiertes Erdäpfeleis mit Himbeeren.

Der **Blaue Wildbacher,** die rot ausgebaute Variante, passt ähnlich wie übriger Rotwein zu dunklen Pilzen, Wild, Rind und anderem dunklen Fleisch und dunklem Gemüse, hat aber den Vorteil, dass es viel leichter, fruchtiger, frischer schmeckt. Rindsbraten, Hirschgulasch, Straußeneintof, Kürbiskernknödeln mit Hollerkoch, Wiesenlamm mit Käferbohnen begleitet er kongenial.
Beispiele für das Verkochen wären Hühnerleber in Blauem Wildbacher, Rindsschnitzel in Blauer Wildbacher Wurzelsauce, Wildbacher Hirschgulasch, Sorbet vom Blauen Wildbacher.

Schilchertraubensaft, Schilcheressig, Schilchersekt, Schilcherlikör sind universell für einschlägige Gerichte verwendbar, haben aber ebenfalls den Vorteil frischer Fruchtigkeit, die vor allem im Sommer zum Tragen kommt. Aber auch in anderen Jahreszeiten kein Völlegefühl aufkommen lässt.

Auf dem Weg in die Küche vorab ein paar Worte für den Hinterkopf

Die Mengenangaben für die Rezepte beziehen sich auf vier Portionen. Ausnahmen sind Gebäck-, Torten- oder Einmachrezepte. Wenn Pfeffer angegeben ist, meine ich immer frisch gemahlenen. Die Angabe „Schilcher" ist bewusst nicht ganz präzise, weil es – glücklicherweise – durchaus unterschiedliche Ausbauten von unterschiedlichen Weinbauern gibt. Jedenfalls sind für diese Gerichte auch Roséweine verwendbar, nur bringen diese selten die spezifische, raffinierte Säure in das Geschmackspanorama ein wie eben ein Schilcher. Und noch einmal: Schilcher ist nicht gleich Schilcher, ebenso wenig wie die Ausbauten trocken, halbtrocken, halbsüß oder süß, Beerenauslese oder Eiswein, gleich gepresst oder rot identisch sind. Auf jeden Fall haben Sie mit Schilcher ein typisches steirisches Grundprodukt – beim Trinken Endprodukt – in der Hand bzw. im Glas, das im wahrsten Sinn des Wortes einmalig ist.

Diverses Schilchergebäck – Schilcherbrot, Schilcherbaguette, Schilcherstangerln

Vorspeisen und kleine Gerichte

Hier kommen neben dem Schilcherwein auch Schilcheressige und -öle sowie viele der übrigen regionalen Produkte wie Kürbis oder Mais zum Einsatz. Vor allem in dieser Menüabteilung kommt die wachsende Zahl der Vegetarier voll auf ihre Rechnung.

Schilcherkürbis

*Gewidmet von der Weinkellerei
Luise & Johannes Jöbstl, Wernersdorf*

**1 kg Kürbis, geschält, gewürfelt (Muskat- oder Hokkaidokürbis)
2 EL Schilcheressig
3/4 l Schilcher
1/4 l Wasser
3 EL Honig
8 kleine Zimtstangenstücke
Gewürznelken
1 MS gemahlener Chili
1 MS gemahlener Ingwer
4 Einmachgläser, à 250 ml
Salz**

Die Kürbisstücke mit Zimtstangerln und einigen Gewürznelken in Einmachgläser verteilen. Den Essig mit dem Wein, dem Wasser und dem Honig, mit Salz, Pfeffer, Ingwer und Chili gewürzt, kurz aufkochen lassen. Die Gläser damit voll auffüllen. Gläser sofort verschließen und an einem kühlen, dunklen Ort aufbewahren. Dieser süßsaure Schilcherkürbis passt vorzüglich zu kalten und warmen Fleischspeisen, aber auch zu exotischen Desserts.

1 Portion enthält:
Brennwert: 97 kcal
Fett: 0,33 g
Eiweiß: 2,87 g
Kohlehydrate: 20,59 g

Vorspeisen und kleine Gerichte

Lauch rosé

600 g Lauch, gewaschen, in ca. 2 cm große Stücke geschnitten
200 g Karotten, geschält, in ca. 2 cm große Stücke geschnitten
1 Stange Sellerie, in Scheiben geschnitten
1 Zwiebel, kleinwürfelig geschnitten
400 g Paradeiser, blanchiert, gehäutet, kleinwürfelig geschnitten
3 EL Schilchertraubenkernöl
2 EL Schilcheressig
1 Zimtstange
1 Lorbeerblatt
1 MS Zucker
1/8 l Wasser
1/8 l Schilcher
Salz
Pfeffer

Zunächst die Zwiebel im heißen Öl anbraten, dann mit Lauch, Karotten und Sellerie ca. 10 Minuten schmoren lassen. Anschließend die Paradeiser mit Zimt, Lorbeer Salz, Pfeffer und dem Essig unterrühren. Mit Wein und Wasser aufgießen und ca. eine 3/4 Stunde bei schwacher Hitze zugedeckt köcheln lassen.
Eignet sich als eigenständiges, erfrischendes vegetarisches Gericht wie auch als Beilage.

1 Portion enthält:
Brennwert: 203 kcal
Fett: 14,04 g
Eiweiß: 5,71 g
Kohlehydrate: 12,52 g

Schilchergemüse

1 kg Gemüse
(Paprika, Gurken, Karotten, Sellerie)
250 g Schalotten
1/2 l Wasser
1/2 l Schilcher
1/4 l Schilcheressig
4 Lorbeerblätter
1 EL Senfkörner
1 EL Pfefferkörner
50 g Zucker
Salz

Das Gemüse gewaschen und geputzt in ca. 2 cm große Stücke schneiden und mit den halbierten Schalotten gleichmäßig in Einmachgläser verteilen. Dann die übrigen Zutaten in einem großen Topf zusammenrühren und kurz aufkochen. Die Gläser damit randvoll füllen und verschließen. Im Wasserbad noch ca. 1/2 Stunde weitergaren. Auskühlen lassen und kühl stellen.
Ab dem nächsten Tag kann das Gemüse als köstliche, frische Beilage zu kaltem und warmem Fleisch oder zu Käsegerichten gegessen werden.

1 Portion enthält:
Brennwert: 610 kcal
Fett: 0,10 g
Eiweiß: 40,63 g
Kohlehydrate: 108,03 g

Artischocken mit Paprikavinaigrette

4 größere Artischocken, Stiel herausgedreht, harte Bodenblätter entfernt
1 Zitrone, in Scheiben geschnitten
2 EL Traubenkernöl
1/8 l Schilcher
1 Bd. Suppengrün
Salz
Pfefferkörner

Paprikavinaigrette:
6 EL Traubenkernöl
3 EL Schilcheressig
2 EL Wasser
1 Bd. Schnittlauch, fein geschnitten
je 1/4 roter, gelber und grüner Paprika, feinwürfelig geschnitten
2 Schalotten, feinwürfelig geschnitten
1 Prise Staubzucker
Salz
Pfeffer

1 Portion enthält:
Brennwert: 443 kcal
Fett: 36,64 g
Eiweiß: 13,31 g
Kohlehydrate: 14,47 g

Von den Spitzen der Artischocke ca. 1 cm abschneiden. Jeweils eine Zitronenscheibe auf die Ober- und Unterseite der Artischocken legen und mit Küchenspagat befestigen.
Wasser mit Wein, Suppengrün, Öl, Salz und Pfefferkörnern aufkochen, die Artischocken einlegen und mit der Flüssigkeit bedeckt ungefähr eine halbe Stunde kochen und bis zum Servieren im Sud ziehen lassen. Wenn die einzelnen Blätter sich problemlos herausziehen lassen, sind die Artischocken gerade richtig.
Die Vinaigrette aus den Zutaten bereiten. Zitronenscheiben entfernen und die Artischocken mit der Vinaigrette servieren.
Es ist in diesem Fall statthaft mit den Händen die einzelnen Artischockenblätter abzuzupfen. Die Blätter taucht man dazu in die Sauce und streift nun mit den Zähnen das würzige Fruchtfleisch von den Blattenden. Der Rest wandert in den Biomüll.

Artischocken im Schilchersud

8 mittelgroße Artischocken, bis aufs Herz geschält
Saft einer Zitrone
1/4 l Schilcher
2 Paradeiser, blanchiert, gehäutet, gewürfelt
100 g Speck, luftgetrocknet, in dünne Streifen geschnitten
1 Knoblauchzehe, grob geschnitten
3 Schalotten, grob geschnitten
3 EL Schilchertraubenkernöl
1 Thymianzweig
2 EL Petersilie (oder grüner Koriander bzw. Estragon), fein gehackt
4 Scheiben Weißbrot, getoastet
4 Eier, pochiert
Salz
Pfeffer

Die Artischocken sofort in Zitronenwasser einlegen, damit sie sich nicht verfärben.
In einem flachen, breiten Topf das Öl erhitzen, den Speck darin langsam anrösten. Dann nacheinander Artischockenherzen, Knoblauch und Schalotten hinzufügen und langsam goldbraun rösten. Salzen, pfeffern und öfters wenden. Mit Wein ablöschen und zugedeckt ca. 15 Minuten leicht schmoren lassen. Dann die gewürfelten Paradeiser und reichlich gehackte Petersilie und den Thymian dazugeben. Noch 5 Minuten fertiggaren. Mit jeweils einem pochierten Ei und dem Weißbrot servieren.

1 Portion enthält:
Brennwert: 552 kcal
Fett: 33,88 g
Eiweiß: 23,79 g
Kohlehydrate: 36,51 g

Kürbisstrudel mit Schilcher

Gewidmet vom Weingut Ing. Josef Müller, vlg. Kraßhoisl, Wies-Kraß

1 kg Kürbis, grob geraspelt
1 Zwiebel, fein geschnitten
1/8 l Schilcher
50 g Speck, gewürfelt
2 Strudelblätter
2 EL Butter
1 Dotter
2 EL Öl
2 EL Kräuterbutter mit Knoblauch
Kümmel
Salz
Pfeffer

1 Portion enthält:
Brennwert: 728 kcal
Fett: 53,94 g
Eiweiß: 10,11 g
Kohlehydrate: 48,24 g

Zwiebeln und Speckwürfel in heißem Öl anrösten und den Kürbis dazugeben. Mit Salz, Pfeffer und Kümmel würzen, mit etwas Schilcher aufgießen und ca. 10 Minuten weich dünsten. Diese Fülle dann kühl stellen. Ein Strudelblatt auf ein leicht befeuchtetes Geschirrtuch legen, mit zerlassener Butter bestreichen und das zweite Strudelblatt darüberlegen. Die Fülle nun darauf so verteilen, dass ein Drittel frei bleibt. Die Enden einschlagen, einrollen und mit Dotter bestreichen. Im vorgeheizten Backrohr bei 200 °C rund eine halbe Stunde goldgelb backen. In der Zwischenzeit die Kräuterbutter mit Knoblauch aufschäumen, etwas stauben und mit 1/16 l Schilcher aufgießen, einreduzieren und zum Strudel servieren. Als Beilage passen bunt gemischte Blattsalate.

Spargel mit Schilcher-Hollandaise

Gewidmet vom Weingut Stefan Pauritsch, Wernersdorf-Kogl

**2 kg Spargel, gemischt, geschält
2 Toastbrotscheiben
1 EL Butter
2 Dotter
200 g Butter, geklärt
Senf
Worcestersauce
4 EL Schilcher
Salz
Pfeffer, frisch gemahlen**

Den Spargel im Salzwasser mit 1 EL Butter und den Toastbrotscheiben kochen.
Für die Hollandaise Dotter mit Salz und Pfeffer und einem Teil des Schilchers über Dampf schaumig schlagen. Nun die Butter tropfenweise einrühren und den restlichen Schilcher dazugeben. Mit Senf und Worcestersauce abschmecken.
Die Schilcher-Hollandaise passt auch hervorragend zu Steaks, zum Gratinieren aber auch zu geschmacklich kräftigeren Fischen.

1 Portion enthält:
Brennwert: 600 kcal
Fett: 51,25 g
Eiweiß: 13,54 g
Kohlehydrate: 49,91 g

Vorspeisen und kleine Gerichte

Heiden-Brimsen-Gnocchi auf Schilchersauce

200 g Heiden
1/2 l Gemüsefond
200 g Schafskäse
50 g Zwiebeln
1 EL Petersilie, fein gehackt
1 TL Basilikum, fein gehackt
2 Eier
1 EL Schilchertraubenkernöl
80 g (Dinkel)Mehl
10 g Fett
100 g festen Schafskäse, gerieben
Salz
Pfeffer

Sauce:
1/4 l Schilcher
100 g Zwiebeln, fein gehackt
2 EL Schilchertraubenkernöl
3 EL Tomatenmark
2 Knoblauchzehen, zerdrückt
400 g Paradeiser, geschält, gewürfelt
1 TL Basilikum, fein gehackt
Salz
Pfeffer

Heiden mit heißem Wasser abspülen und 5 Minuten im Gemüsefond quellen lassen. Brimsen mit einer Gabel zerdrücken und mit dem Heiden, Zwiebeln, Kräutern, Eier, Öl, Mehl und einer Prise Salz vermengen. Diesen Teig nun einige Minuten rasten lassen. Mit einem Esslöffel Gnocchi ausstechen und im Salzwasser ca. 5 Minuten kochen lassen. Herausheben, abtropfen lassen, in einer gebutterten Auflaufform einlegen und mit dem geriebenen Käse bestreuen. Bei 220 °C im Backrohr überbacken, bis der Käse goldig braun ist.

Inzwischen die Sauce bereiten. Zwiebeln im Schilchertraubenkernöl anschwitzen, dann Tomatenmark mitrösten und Knoblauch dazugeben. Mit Schilcher ablöschen und ca. 5 Minuten kochen lassen. Danach die Paradeiswürfel und das Basilikum hinzufügen. Zu den Gnocchi mit Basilikumblättern garniert servieren.

1 Portion enthält:
Brennwert: 959 kcal
Fett: 39,09 g
Eiweiß: 65,88 g
Kohlehydrate: 57,84 g

Schafskäse mit Paradeisern, Schilcherbalsamessig und Kürbiskernöl

Gewidmet vom Weingut Ing. Josef Müller, vlg. Kraßhoisl, Wies-Kraß

400 g Schafskäse, in Scheiben geschnitten
4 große Paradeiser, in Scheiben geschnitten
Schilcherbalsamessig
Kürbiskernöl
Butter
2 EL Schnittlauch, fein geschnitten
4 Schwarzbrotscheiben

Die Scheiben von Schafskäse und Paradeisern abwechselnd auf einem Teller auflegen. Zuerst Balsamessig, dann etwas Kürbiskernöl darüberträufeln, mit frischem Schnittlauch bestreuen und mit etwas Butter und Schwarzbrot servieren.

1 Portion enthält:
Brennwert: 776 kcal
Fett: 28,09 g
Eiweiß: 104,23 g
Kohlehydrate: 18,59 g

Das Schilcher-Kochbuch

Bratkäse-Schilcher-Tarte

250 g Topfenblätterteig (Butter, Mehl, Topfen zu gleichen Teilen verkneten)
40 g Mehl
80 g Butterflocken; kalt
30 g Schilchergelee
150 ml Schilcher
100 g Bratkäse, in dünnen Scheiben
Apfel, geschält, gewürfelt

Blätterteig auswalken, das mit kaltem Wasser abgespülte Backblech damit auslegen und mit einer Gabel gut einstechen. Den Teig mit Mehl bestreuen, Butterflocken darauf verteilen. Schilchergelee erwärmen, mit etwas Wasser verdünnen und über den Teig träufeln. Im vorgeheizten Ofen bei 220 °C ca. 15 Minuten hellbraun backen. Allfällige Blasen einstechen und flachdrücken.
Dann die Käsescheiben auf den Teig verteilen und mit dem Schilcher übergießen. Nochmals 5 Minuten backen. Die Tarte mit den Apfelwürfelchen garnieren und lauwarm in handlichen Stücken servieren.

1 Portion enthält:
Brennwert: 600 kcal
Fett: 42,51 g
Eiweiß: 13,51 g
Kohlehydrate: 38,04 g

Vorspeisen und kleine Gerichte

Schilcher-Brot

**750 g Weizenmehl
300 g Roggenmehl
750 g Schilcher
20 g Germ
10 g Zucker
verschiedene Gewürze, wie Kümmel, Fenchel, Koriander, Anis etc.
Salz**

Germ mit dem Zucker und einigen Esslöffeln erwärmtem Schilcher zu einem Dampfl gehen lassen. Die beiden Mehlsorten in eine Rührschüssel geben, das Dampfl dazugeben, salzen und je nach Geschmack weitere Gewürze dazumischen. Den Teig sorgfältig durchschlagen, einige Minuten gut durchkneten, sodass er sich noch weich vom Schüsselboden löst. Mit einem Geschirrtuch bedeckt an einem warmen Ort ca. 1 Stunde gehen lassen. Der Teig sollte auf das Doppelte aufgehen. Danach den Teig wieder abschlagen und mit der Hand durchkneten.
Teigmasse halbieren und in zwei passende feuerfeste, bemehlte Formen legen noch einmal 1 Stunde an einem wohltemperierten Ort gehen lassen. Dann kann man die Oberfläche mit einem scharfen Messer einige Male leicht einschneiden und im Ofen bei 200 °C ungefähr eine Dreiviertelstunde backen.

1 Portion enthält:
Brennwert: 897 kcal
Fett: 2,94 g
Eiweiß: 31,41 g
Kohlehydrate: 181,24 g

Dinkel-Schilcher-Brot

Gewidmet vom Mallihof, Familie Malli, St. Oswald ob Eibiswald

**1/2 kg frisch gemahlenes Dinkelmehl
1/2 l Schilcher
1 TL Salz
1 EL Brotgewürz
1 TL Honig
1/2 Würfel Germ
Schilcheressig
Sonnenblumen- oder Kürbiskerne, Haferflocken, Nüsse (nach Geschmack)**

Alle Zutaten gut miteinander verkneten. Den Teig kann man mit Sonnenblumen- oder Kürbiskernen, Haferflocken oder Nüssen raffiniert verbessern. Den Teig zugedeckt an einem warmen Ort gehen lassen. In eine gebutterte Kastenform füllen, noch einmal gehen lassen und ca. eine Stunde bei 200 °C backen. Während des Backens eine Tasse Wasser ins Rohr stellen.

1 Portion enthält:
Brennwert: 482 kcal
Fett: 9,02 g
Eiweiß: 19,12 g
Kohlehydrate: 81,03 g

Schilcher-Kräcker

Gewidmet vom Buschenschank Familie Haring vlg. Pichlippi, Eibiswald

250 g Vollkornmehl
1 TL Kräutersalz
¹/₈ l Schilcher
50 g Butter, flüssig
Sesam, Mohn, Grobsalz oder geriebenen Käse

Alle Zutaten zu einem glatten Teig verkneten und eine halbe Stunde rasten lassen. Den Teig dann dünn ausrollen und mit dem Teigroller in kleine Rechtecke schneiden. Auf ein gebuttertes, bemehltes Backblech legen, mit Wasser bestreichen und nach Belieben bestreuen. Mit einer Gabel einstechen und bei 180 °C ca. 20 Minuten backen.

1 Portion enthält:
Brennwert: 418 kcal
Fett: 20,52 g
Eiweiß: 11,25 g
Kohlehydrate: 45,32 g

Vorspeisen und kleine Gerichte

Schilcherbaguette, Schilcherstangerln

**1,5 kg Weizenmehl, glatt
200 g Roggenmehl
120 g Germ
40 g Salz
15 g Zucker
2 EL Butter, flüssig
3/4 l Schilcher
Wasser**

Alle Zutaten gut verkneten, bei Bedarf noch Wasser dazugeben und an einem wohltemperierten Ort ca. eine Stunde rasten lassen. Dann den Teig kurz zusammenschlagen und zu langen Baguettestücken formen. Diese anschließend in passende gebutterte und bemehlte Backformen legen und nochmals kurz gehen lassen. Bei ca. 210 °C ca. 15 Minuten im vorgeheizten Backrohr backen.

Man kann den Teig auch zu fingerdicken, ungefähr 20 cm langen Stücken rollen, backen und wie Grissini zu verschiedenen Gelegenheiten reichen.

1 Portion (rd. 1/4 kg) enthält:
Brennwert: 849 kcal
Fett: 5,93 g
Eiweiß: 30,23 g
Kohlehydrate: 157,18 g

Schilcherfondue

**1 1/2 l Schilcher
18 Korianderkörner
5 Pimentkörner
8 Pfefferkörner
1 TL Zucker
750 g verschiedenes, zartes Fleisch, großwürfelig geschnitten**

Die Gewürze mit dem Schilcher aufkochen und in einem Fonduetopf heiß halten. Das Fleisch wie bei Fondue üblich im Schilchersud garen. Mit Schilcherbrot und in Schilcher eingelegtem Gemüse sowie verschiedenen Saucen genießen, z. B. mit einer Schilchermayonnaise (Rezept siehe Seite 69).

1 Portion enthält:
Brennwert: 206 kcal
Fett: 34,49 g
Eiweiß: 41,25 g
Kohlehydrate: 1,49 g

Polenta in Schilcherweinblättern

200 g Polentagrieß
¼ l Suppe
¼ l Schilcher
1 MS Muskatnuss, gemahlen
1 EL Butter
80 g Speck, gewürfelt
40 g trockene Steinpilze, eingeweicht und abgetropft
80 g Bergkäse, klein gewürfelt
Schilchertraubenkernöl
Schilcherweinblätter, eingelegt
Salz

Die Suppe mit Wein, Butter, einer Prise Salz und Muskat aufkochen, den Polentagrieß langsam einrühren und solange kochen, bis er cremig fest wird. Die Masse dritteln und jeweils mit dem Speck, den Pilzen und dem Käse vermengen. Hernach kleinfingergroße Röllchen formen und in die Schilcherweinblätter einwickeln. Entweder im Wasserdampf ca. eine knappe Stunde garen oder im Schilchertraubenkernöl langsam fertigbraten.
Mit einer Paradeissauce als eigenes Gericht servieren oder mit verschiedenen Dips als kleine Vorspeise anrichten.

1 Portion enthält:
Brennwert: 478 kcal
Fett: 27,34 g
Eiweiß: 13,99 g
Kohlehydrate: 41,16 g

Vorspeisen und kleine Gerichte

Gefüllte, überbackene Schilcherweinblätter

400 g Putenbrust, faschiert
1 Zwiebel, fein geschnitten
50 g Weißbrot, entrindet
16 Schilcherweinblätter, eingelegt
1/8 l Milch
2 Eier
1 EL Butter
1 TL Thymian
1 EL Zitronensaft
2 EL Sauerrahm
1/8 l Schlagrahm
Salz, Pfeffer
1 Ei
4 EL geriebener Parmesan

Paradeiskaramell:
4 Paradeiser, blanchiert, entkernt, gewürfelt
1 EL Butter
1 Prise Zucker
Salz, Pfeffer

1 Portion enthält:
Brennwert: 446 kcal
Fett: 26,37 g
Eiweiß: 36,63 g
Kohlenhydrate: 13,64 g

Das Weißbrot in Milch kurz einweichen und gut ausdrücken. Die Zwiebel in heißer Butter glasig anschwitzen und mit den Eiern, Weißbrot, Zitronensaft und Putenfaschiertem vermengen. Salzen, pfeffern und mit dem Thymian würzen.
Die Weinblätter auf einem Küchentuch auslegen, mit je einem Esslöffel von der Putenmasse bestreichen und zu kleinfingergroßen Röllchen formen. Diese dann eng nebeneinander in eine feuerfeste, ausgebutterte Form einlegen. Schlagrahm mit dem Sauerrahm und dem Ei verrühren und über die gefüllten Weinblätter gießen. Mit Parmesan bestreuen. Im vorgeheizten Backrohr bei ca. 180 °C ca. eine Viertelstunde überbacken. Von Zeit zu Zeit etwas Wasser dazugießen.
In der heißen Butter den Zucker ankaramellisieren, die Paradeiswürfel darin kurz anschwitzen und mit Salz und Pfeffer würzen. Die gefüllten Weinblätter mit dem Paradeiskaramell anrichten.

Wild/Lamm in Schilcherweinblättern

1/2 kg Wildfleisch oder Lamm, pariert, gewürfelt
1 Bd. Suppengrün, grob gewürfelt
1 Zwiebel, grob gewürfelt
1/4 l Schilcher
2 EL Schilchertraubenkernöl
1 Stamperl Schilcherbrand
1 TL gemischte Gewürze (Zimt, Muskat, Kümmel, gemahlen)
2 TL Thymian, frisch, sonst 1 TL
1/2 TL Orangenschalen, gerieben
125 ml Crème fraîche
12 Schilcherweinblätter, eingelegt

1 Portion enthält:
Brennwert: 445 kcal
Fett: 37,05 g
Eiweiß: 23,80 g
Kohlenhydrate: 3,00 g

Suppengemüse und Zwiebel im heißen Öl anbraten. Salz, Lorbeerblätter und 1/8 l Wasser dazugeben und kochen, bis das Wasser verdampft ist. Mit Wein aufgießen und weitere 5 Minuten köcheln. Flüssigkeit und Gemüse trennen, Lorbeerblätter entfernen. Das Gemüse und das Fleisch mit den Gewürzen (Thymian vorerst nur die Hälfte), Salz, Orangenschale und etwas Crème fraîche grob pürieren. Aus dieser Masse ca. kleinfingergroße Würstchen formen, in die Schilcherweinblätter einwickeln und eine knappe Viertelstunde im Wasserdampf garen. Gemüsesud noch einige Minuten einkochen und mit dem restlichen Thymian, Crème fraîche sowie Pfeffer und Salz würzen und mit einem Schuss Schilcherbrand abrunden. Die Röllchen vor dem Servieren kurz im Traubenkernöl anbraten und mit der Sauce servieren. Für eingelegte Weinblätter nimmt man junge, aber genügend große Weinblätter. Die Blätter werden einige Minuten blanchiert. Dann gibt man diese in ein Glas mit einer Schilcheressig-Wasser-Mischung und verschließt das Glas fest. So halten sich die Weinblätter bis zu 9 Monaten und eignen sich hervorragend für die Zubereitung von Weinblätterlasagne oder gefüllten Weinblättern.

Steirische Schnecken

Gewidmet vom Weingut Familie Kuntner, St. Ulrich in Greith

24 Schnecken, frisch oder aus der Dose
30 g Butter
50 g Speck, kleinwürfelig geschnitten
50 g Zwiebeln, fein gehackt
1 Semmel, altbacken, entrindet, gewürfelt
3/8 l Schilcher
2 Knoblauchzehen, fein gehackt
2 EL Petersilie, fein gehackt
1 Thymianzweig
Kerbel
4 Schwarzbrotscheiben, getoastet
Salz
Pfeffer

Zwiebeln, Speck und Petersilie in heißer Butter anschwitzen, dann die Semmelstücke dazugeben. Hernach die Schnecken dazugeben und einige Minuten weiterrösten. Mit dem Wein aufgießen und mit Salz, Pfeffer, Kerbel, Thymian und Knoblauch würzen und noch einige Minuten ziehen lassen. Mit dem Schwarzbrot servieren.

1 Portion enthält:
Brennwert: 340 kcal
Fett: 15,75 g
Eiweiß: 15,42 g
Kohlehydrate: 32,35 g

Vorspeisen und kleine Gerichte

Entenleberparfait mit Wildbachergelee und Brioche

400 g Entenleber, küchenfertig
2 Eier, 40 ml Schilcherweinbrand
400 g Butter
½ Zwiebel
1 Knoblauchzehe, 1 Thymianzweig
120 g Speck, in dünnen Streifen
Salz, Pfeffer, gemahlen

Schilchergelee:
¼ l Blauer Wildbacher
2 EL Honig, 4 Blatt Gelatine

Teig:
3 EL Milch, ½ Würfel Germ
450 g Mehl, 40 g Zucker
300 g weiche Butter
4 Eier, 2 EL Honig
2 TL Minze, gehackt, Salz

1 Portion (1/6 der Rezeptmenge) enthält:
Brennwert: 1549 kcal
Fett: 95,68 g
Eiweiß: 54,61 g
Kohlehydrate: 111,38 g

Eine passende Form mit den Speckstreifen auslegen und kühl stellen. Zwiebeln in der Butter mit Knoblauch und dem Thymianzweig glasig dünsten, würzen und die Butter abseihen. Weinbrand, Eier, die Leber in die lauwarme Butter einrühren. Mit dem Stabmixer pürieren und in die Form füllen. Mit einer Klarsichtfolie abdecken und mit einer Alufolie abschließen. Im Wasserbad im Backrohr bei 140 °C eine knappe Dreiviertelstunde pochieren.

Für die Brioche die Milch erwärmen und die zerbröckelte Germ darin auflösen. Mit 4 EL Mehl zu einem Dampfl verrühren und gut auf das Doppelte der Masse aufgehen lassen. Das restliche Mehl sowie Zucker, Salz, weiche Butter und die Eier mit diesem Vorteig verrühren und schlagen, bis sich Blasen bilden. An einem warmen Ort zugedeckt wieder gehen lassen. Noch zweimal abschlagen und gehen lassen. Danach eine Stunde kühl stellen. Bei 220 °C eine gute Viertelstunde im Backrohr backen.

Für das Wildbachergelee den Wein auf ein Drittel reduzieren und mit Honig abschmecken. Die eingeweichte ausgedrückte Gelatine darin auflösen und abkühlen lassen.

Das Leberparfait in Scheiben geschnitten anrichten, mit in Butter gebratenen Briochescheiben und dem Gelee anrichten. Mit Thymian garnieren und servieren.

Wein und Gesundheit, Genuss und Wein
Wein als Förderer unserer Gesundheit

Zahlreiche Studien belegen die gesundheitsfördernde Wirkung von Wein, während man zur selben Zeit versucht, dem Problem Alkoholismus speziell unter Jugendlichen Herr zu werden. Deshalb ist es wichtig zu betonen, dass Wein ein Genussmittel darstellt und nur in geringen Mengen konsumiert seine positive Wirkung entfalten kann. Bei übermäßigem Alkoholkonsum stellen sich hingegen zahlreiche negative Auswirkungen auf unseren Organismus ein. Schon Paracelsus sagte: „Jede Substanz kann Gift sein, allein die Menge macht es aus!"

Wichtige Inhaltsstoffe im Wein
Wein besteht aus ca. 85 % Wasser, den Rest bilden Substanzen wie Äthylalkohol, verschiedene Säuren (Wein-, Apfel- und Kohlensäuren), Geruchs-, Farb-, Geschmacks- und Gerbstoffe, verschiedene Vitamine, Mineralstoffe und Zucker.
Der klassische Schilcher ist ein säurebetonter, alkoholarmer Wein, der aus der Blauen Wildbacher Rebe gewonnen und wie Weißwein hergestellt wird. Die Trauben des Wildbachers sind kleinbeerig und dickschalig und geben auch einen gehaltvollen Rotwein ab, der nach mehrjähriger Reifung seinen Höhepunkt erreicht. Nicht zuletzt werden immer häufiger edelsüße Schilcher wie Eisweine und Trockenbeerenauslesen gekeltert und auch der Schilchersekt erfreut sich besonderer Beliebtheit.

Der Säure-, Restzucker-, Extrakt- und Alkoholgehalt variiert nach Standortbedingungen, Lesezeit, Jahrgang und Vinifikation. Der klassische Schilcher weist einen Säuregehalt von 10,5–11,5 ‰, einen Restzuckergehalt von 0,8–4 g/l, einen Extraktgehalt von 22–30 g/l und einen Alkoholgehalt von 11–12 Vol% auf.
Die Kalorien im Wein ergeben sich vorwiegend aus dem Alkohol- und Restzuckergehalt:
Der Alkoholgehalt im Wein wird entweder in Vol% oder in g/l angegeben. Möchte man Vol% in g/l umrechnen, so bedient man sich der Formel Vol% x 0,79 x 10. Das bedeutet, dass ein Liter Wein mit 11 Vol% 86,9 g Alkohol/l liefert, was ~ 617 kcal bzw. ~2546 KJ entspricht. Zudem kann man weitere 4,1 kcal bzw. 17,1 KJ/g Zucker hinzurechnen, um auf den ungefähren Kaloriengehalt des entsprechenden Weines zu kommen.

Die Wirkung von Wein auf unsere Gesundheit
Gesundheitsfördernde Wirkung wird hauptsächlich den vorwiegend in den Schalen und Kernen vorkommenden Phenolen sowie dem Alkohol zugeschrieben, die gemeinsam einen hohen Schutz gegen koronare Herzkrankheiten bieten können. Der Alkohol im Wein bewirkt eine Erhöhung des gefäßschützenden HDL-Cholesterins und eine Senkung des LDL-Cholesterins, mindert chronisch-entzündliche Prozesse der Gefäßwände und hemmt das Verkleben der Blutplättchen. Die sekundären Stoffe im Wein – allen voran Polyphenole – wirken als Antioxidantien, sind gefäßerweiternd und weisen entzündungs- und thrombosehemmende Eigenschaften auf. Je dicker die Beerenschale einer bestimmten Rebsorte und eines bestimmten Jahrgangs ist, je länger der Most bei der Gärung an der Maische liegen bleibt, desto mehr dieser gesundheitsfördernden Stoffe sind im Wein enthalten. Bei moderatem Weingenuss (1–2 Gläser Wein/Tag als Obergrenze) kann somit der Entwicklung einer

Arterienverkalkung vorgebeugt bzw. ihre Entstehung verlangsamt werden.

Zudem wirkt Wein auf das Verdauungssystem, indem er durch die Bildung von Verdauungssekreten und verschiedenen Fermenten den Appetit anregt und die Verdauung unterstützt, Bakterien und Viren abtötet und die Immunabwehr verbessert. Als gesichert gilt, dass Wein – speziell der Alkohol darin – auf den Hormonhaushalt einwirkt und die Östrogenproduktion fördert, was die Entstehung einer Osteoporose unterbinden bzw. bremsen kann. Nicht zuletzt wird Wein als Anti-Aging-Mittel diskutiert und soll – speziell im fortgeschrittenen Alter – einen schützenden Effekt gegen Demenz bieten.

Für Diabetiker gilt, dass trockene Weine (Restzuckergehalt bis 4 g/l) in Maßen genossen gut vertragen werden. Größere Beachtung sollte hier dem Alkoholgehalt im Wein geschenkt werden. Während eine geringe Menge Alkohol normalerweise keine Gefahr für eine Unterzuckerung darstellt, steigt das Risiko für Hypoglykämie mit der konsumierten Menge an Alkohol an.

Die thermische Wirkung von Wein

In der Chinesischen Ernährungslehre wird beim Zubereiten verschiedener Speisen Alkohol gezielt eingesetzt, um die thermische Wirkung des Gerichtes in Richtung „erwärmend" zu lenken, um Verdauungsschwäche entgegenzuwirken und um zu vitalisieren und dynamisieren. Somit ist Kochen mit Wein speziell in der kalten Jahreszeit eine gute Möglichkeit, Kälte zu vertreiben und eignet sich gut, der Wirkung kühlender Lebensmittel entgegenzuwirken. Aber Vorsicht! Ein Zuviel – vor allem auch in Kombination mit zusätzlich wärmenden Lebensmittel, speziell scharfen Gewürzen – kann den Organismus überhitzen, was bei instabilen Personen und Personen die bereits zu Hitze neigen zu Schwindel, Herzrasen und heftigem Unwohlsein führen kann.

Kochen mit Wein – was bleibt vom Alkohol?

Vielfach wird angenommen, dass sich Alkohol während des Kochvorgangs verflüchtigt, da Alkohol mit einem Siedepunkt von 78 °C verdampfen würde, noch ehe das Wasser zu kochen beginnt. Dabei ist jedoch zu berücksichtigen, dass beim Vermischen von Alkohol und Wasser die beiden Substanzen die Siedetemperatur wechselseitig beeinflussen. Je höher der Wassergehalt der Speise ist, desto näher liegt der Siedepunkt bei 100 °C während sich der Siedepunkt in Richtung 78 °C bewegt, wenn der Alkoholanteil überwiegt. So bleiben nach einer halben Stunde unter Rühren und ohne Deckel gekocht, von einem Wein mit 11 Vol% Alkohol immerhin noch ca. 35 % des Alkohols, nach zwei Stunden 10 % des Alkohols erhalten.

Möchte man den Alkoholgehalt während des Kochens bewusst reduzieren, so helfen Maßnahmen wie das Garen bei höheren Temperaturen, längere Kochzeiten, unbedeckte Pfannen und das Kochen auf dem Herd anstatt im Backrohr. Auch beim Flambieren einer Speise wird der Alkohol nicht vollkommen abgebrannt, da die Flamme nur so lange aufrechterhalten werden kann, so lange ein bestimmter Alkoholanteil in der Speise vorhanden ist. Das ist der Grund, warum Wein erst gar nicht entflammbar ist. Die Tatsache, dass ein bestimmter Teil des Alkohols auch durch das Kochen eines Gerichtes nicht verloren geht, sondern immer vorhanden bleibt, ist vor allem dann zu bedenken, wenn Kinder und Jugendliche, schwangere und stillende Frauen, kranke, speziell alkoholkranke Menschen oder Kranke, die Medikamente einnehmen müssen, am Mahl teilnehmen.

Mag. Sandra Chum,
dipl. Ernährungstrainerin

Schilcher-
Käserahmsuppe

44

Suppen

Bei den (Schilcher)Weinsuppen ist zu beachten, dass sie auch nach der Zubereitung einen hohen Alkoholanteil aufweisen. Das ist zwar für den Geschmack durchaus positiv, ist aber beim Lenken eines Fahrzeuges und bei Gästen im Kindesalter zu berücksichtigen, zumal gerade da das Thema sensibel behandelt werden muss.

Schilcher-Käserahmsuppe

Foto Seite 45
*Gewidmet vom Weinbau/Obstbau
Linde & Martin Jöbstl, Eibiswald-Aibl*

**1/8 l Schilcher
3/4 l Suppe
100 g festen Schafskäse, gerieben
50 g (Schafs)Rotschmierkäse, fein aufgeschnitten
1/4 l Sauerrahm
1/8 l Schlagrahm, geschlagen
1 Dotter
30 g Mehl
70 g Butter
1 Knoblauchzehe
1 Bd. Schnittlauch, fein geschnitten
3 Scheiben Schwarzbrot, entrindet, in ca. 3 cm große Stücke geschnitten
1 MS Muskatnuss, gemahlen
Salz
Pfeffer**

Mehl in 1 EL Butter hell anschwitzen und mit Schilcher ablöschen. Hernach mit der Suppe auffüllen und eine gute Viertelstunde köcheln lassen. Den gesamten Käse mit dem Sauerrahm vermischen und in die Suppe einrühren. Würzen und kurz aufkochen. Mit dem Stabmixer noch einmal durchmixen und 2/3 des Schlagrahms einrühren. Eine Pfanne mit Knoblauchhälften ausschmieren und darin in geschäumter Butter die Schwarzbrotstücke anrösten. Suppe mit Schlagrahmhäubchen, Schnittlauch und Schwarzbrotstücken anrichten.

1 Portion enthält:
Brennwert: 613 kcal
Fett: 36,54 g
Eiweiß: 45,96 g
Kohlehydrate: 21,10 g

Schilcherschaumsuppe

Gewidmet vom Gasthof „Zur Schönen Aussicht", Familie Strohmaier, Wies

**1/4 l Schilcher
2 Lorbeerblätter
1 Hand voll Zwiebelringe
1 Stk. Sternanis, grob zerkleinert
1/2 l kräftige Kalbssuppe
200 ml Schlagrahm
1 TL Tomatenmark
1 Prise Zimt, gemahlen
50 g Mehlbutter
4 EL Schwarzbrotwürfel, getoastet
Butter
Salz
weißer Pfeffer**

Den Wein mit den Zwiebelringen sowie Lorbeer und Sternanis auf ca. 1/8 Liter einkochen und dann abseihen. Die Flüssigkeit mit der Suppe aufgießen, mit Schlagrahm und Tomatenmark verrühren und aufkochen lassen. Dann die Mehlbutter einrühren und noch einige Minuten köcheln lassen. Mit den restlichen Gewürzen abschmecken und mit dem Stabmixer und etwas kalter Butter aufmixen. Mit den getoasteten Schwarzbrotwürfeln servieren.

1 Portion enthält:
Brennwert: 385 kcal
Fett: 31,50 g
Eiweiß: 4,02 g
Kohlehydrate: 20,17 g

Linsensuppe mit Schilcher

150 g Linsen, eine halbe Stunde eingeweicht
80 g Karotten, klein geschnitten
80 g Zwiebeln, fein gehackt
160 g Erdäpfel, geschält, gewürfelt
160 g Rotkraut, fein gehobelt
2 Lorbeerblätter
½ EL gemischte Gewürze (Thymian, Fenchel, Kümmel, gemahlen)
½ l Hühner- oder Rindsuppe
1 l Schilcher
½ l Wasser
⅛ l Crème fraîche
Traubenkernöl
Salz
weißer Pfeffer

Zwiebeln und Karotten in heißem Öl anbraten und mit dem Rotkraut und den Erdäpfeln einige Minuten weiterrösten. Wasser, Salz und die übrigen Gewürze dazugeben, eine Viertelstunde köcheln und erst dann mitsamt den Linsen, dem Wein und der Suppe weitere 5 Minuten köcheln lassen. Mit dem Pürierstab pürieren oder durch ein Sieb streichen, was handwerklich anspruchsvoller, aber auch anstrengender ist. Zum Schluss Crème fraîche einrühren und noch einmal durchmixen. Bei Erwachsenenportionen noch einmal 1 TL Schilcher dazugeben, damit der Schilcher und die Linsen geschmacklich noch besser hervorkommen Mit einem kleinen Crème-fraîche-Häubchen servieren.

1 Portion enthält:
Brennwert: 346 kcal
Fett: 20,64 g
Eiweiß: 12,28 g
Kohlehydrate: 26,62 g

Schilcher-Erdäpfelrahmsuppe

Gewidmet vom Alpengasthof Messner, Familie Maritschnegg, Soboth

**1/2 kg Erdäpfel, mehlig, würfelig geschnitten
1 Zwiebel, klein würfelig geschnitten
1 Stange Lauch, in Ringe geschnitten
1/4 l Schilcher, halbtrocken
1/2 l Schlagrahm
3 EL Rindsfond
3 Knoblauchzehen, fein gehackt
Butter
Majoran
Muskatnuss, gemahlen
Kürbiskerne
Kürbiskernöl
Salz**

Zwiebel und Lauch in Butter anschwitzen, mit dem Schilcher aufgießen und etwas reduzieren. Schlagrahm und Rindsfond dazugießen. Nun den Knoblauch hinzufügen.
Mit Majoran und Muskatnuss würzen und die Erdäpfel in der Suppe zugedeckt weich kochen. Mit dem Stabmixer pürieren und mit Salz abschmecken. Mit gerösteten Kürbiskernen und ein paar Tropfen Kernöl verziert und geschmacklich verfeinert anrichten.

1 Portion enthält:
Brennwert: 620 kcal
Fett: 49,62 g
Eiweiß: 7,67 g
Kohlehydrate: 33,24 g

Kräuter-Schilcher-Weinsuppe

Gewidmet vom Kräuterhof Gertrude und Herbert Pratter vlg. Kristertoni, Großradl

¼ l Schilcher
¼ l Schlagrahm
1 große Zwiebel, fein geschnitten
½ l Rindsuppe
2 EL Mehl
2 EL Kräutermischung, nach Saison und Geschmack
Schale von 1 Zitrone
3 Schwarzbrotscheiben, entrindet, gewürfelt
2 Knoblauchzehen, fein gehackt
½ Bd. Schnittlauch, fein geschnitten
Butter
Zucker
Zimt
Salz
Pfeffer

Zwiebel in heißer Butter anschwitzen, mit Zucker karamellisieren und mit einer Prise Zimt würzen. Kurz durchrühren und mit dem Mehl eine helle Einbrenn bereiten. Mit Schilcher ablöschen und mit Rindsuppe aufgießen. Mit den Kräutern und den Zitronenschalen aufkochen und rund eine halbe Stunde ziehen lassen. Dann, passieren, Schlagrahm einrühren und noch einmal abschmecken. Schwarzbrotwürfel mit Butter, Salz, Knoblauch, Petersilie rösten. Suppe mit den Schwarzbrotcroutons und Schnittlauch anrichten.

1 Portion enthält:
Brennwert: 337 kcal
Fett: 20,47 g
Eiweiß: 7,13 g
Kohlehydrate: 29,94 g

Einfache Schilcherrahmsuppe

Gewidmet vom Weingut Thomas und Margaretha Strohmaier, Pölfing-Brunn

¼ l Schilcher
½ l Suppe
¼ l Schlagrahm
1 EL Butter
1 EL Mehl
1 EL Zucker
2 EL Schnittlauch, fein geschnitten
Zimt
Muskat
Salz
weißer Pfeffer
Schwarzbrotwürfel, geröstet

Das Mehl in heißer Butter aufschäumen lassen, mit Suppe aufgießen und 10 Minuten kochen lassen. Dann den Schilcher zugeben und würzen. Mit Schlagrahm verfeinern.
Mit gerösteten Schwarzbrotwürfeln anrichten und mit Schnittlauch bestreuen.

1 Portion enthält:
Brennwert: 295 kcal
Fett: 23,70 g
Eiweiß: 6,67 g
Kohlehydrate: 13,04 g

Suppen

Südweststeirische Zwiebelsuppe

5/4 kg rote Zwiebeln, feinblättrig geschnitten
100 ml Schilchertraubenkernöl
100 ml Schilcherweinbrand
1/4 l Schilcher
2 l Rindsuppe
100 g Schinkenspeck, würfelig geschnitten
Kümmel, gemahlen
Muskatnuss, gerieben
Schilcherbalsamicoessig
1 Baguette, in ca. 16 Scheiben geschnitten
300 g Bergkäse, gerieben
Salz
bunte Pfeffermischung

Zwiebeln in einem geräumigen Topf im heißen Öl glasig anrösten. Separat den Schilcherweinbrand erwärmen, zu den Zwiebeln geben und flambieren. Mit dem Wein ablöschen und noch etwas köcheln lassen. Salz, Pfeffer, Kümmel, Muskatnuss und Schinkenspeck dazugeben und mit heißer Suppe aufgießen. Eine halbe Stunde leicht köcheln lassen. Mit Balsamicoessig abschmecken. Baguettescheiben mit dem geriebenen Käse bestreuen und im mäßig heißen Backrohr erhitzen, bis der Käse schmilzt. Die Suppe in Tellern anrichten und mit Brot servieren.

1 Portion enthält:
Brennwert: 1034 kcal
Fett: 65,61 g
Eiweiß: 35,25 g
Kohlehydrate: 69,21 g

Petersilienwurzelsuppe mit Schilcher

300 g Petersilienwurzeln, feinblättrig geschnitten, 1 Wurzel gestiftelt
100 ml Schilcher
40 g Butter
2 Schalotten, fein gehackt
2 Karotten, feinwürfelig geschnitten
Saft von ½ Zitrone
700 ml Gemüsesuppe
200 ml Schlagrahm
1 Bd. Petersilie, Blätter abgezupft
Öl
Salz
Pfeffer

Petersilienwurzelscheiben mit den Schalotten in einem Topf mit heißer Butter anschwitzen. Mit Zitronensaft und Wein ablöschen. Mit der Suppe aufgießen und weiterköcheln, bis die Petersilie weich ist. Danach alles pürieren und durch ein Sieb in einen anderen Topf streichen. Karottenwürfel und Schlagrahm dazugeben und noch ein paar Minuten köcheln lassen, bis auch die Karotten weich sind, salzen und pfeffern.
Die Petersilienwurzelstifte und die Petersilienblätter im heißen Öl goldbraun frittieren und beides auf Küchenpapier abtropfen lassen. Die Suppe anrichten, garnieren und servieren.

1 Portion enthält:
Brennwert: 326 kcal
Fett: 29,10g
Eiweiß: 4,50 g
Kohlehydrate: 10,17 g

Schilcher- oder Mostsuppe

1 l Schilcher oder Most
5 EL Zucker
4 Eidotter
⅛ l Schlagrahm
2 Semmeln, in Scheiben geschnitten
Butter
Zimtrinde
Schale von ½ Zitrone
Gewürznelken

Den Schilcher (oder Most, aber mit Schilcher ist es geschmackvoller) mit den Gewürzen aufkochen, dann abseihen. Rahm und Dotter versprudeln und einrühren. Die Semmelscheiben in Butter anrösten, in Teller verteilen und die Suppe anrichten.
Achtung. Diese Suppe ist nur für Erwachsene!

1 Portion enthält:
Brennwert: 338 kcal
Fett: 19,86 g
Eiweiß: 6,31 g
Kohlehydrate: 32,01 g

Suppen

Weihnachtssuppe

100 g Sellerie, in Scheibchen geschnitten
100 g Pastinaken, in Scheibchen geschnitten
100 g Petersilienwurzel, in Scheibchen geschnitten
100 g Topinambur, in Scheibchen geschnitten
1 große Karotte, in Scheibchen geschnitten
100 g Zwiebeln, fein geschnitten
30 g Butter
500 ml Gemüsefond
1 Knoblauchzehe, fein gehackt
1 kleiner Pfefferoni, fein gehackt
1/4 l Schilcher, gleich gepresst
200 g geräucherter Karpfen, enthäutet, entgrätet, in mittlere Würfel geschnitten, (Karkassen aufheben)
120 g Blattspinat, in feine Streifen geschnitten
80 g Vogerlsalat
Koriander, gemahlen
Salz, Pfeffer

Aus den Karottenscheiben mit einem Sternchenausstecher Sternchen ausstechen.
Räucherkarpfenkarkassen in 3/16 l Schilcher aufkochen und 10 Minuten ziehen lassen, durch ein feines Sieb abseihen.
Wurzelgemüse und Zwiebeln in Butter andünsten, mit 1/16 l Schilcher ablöschen und dem Gemüsefond auffüllen, kochen lassen. Nach 5 Minuten den Räucherkarpfenfond untermischen. Die Karpfenfiletteile zusammen mit den Karottensternchen und dem Blattspinat als Einlage hineingeben. Mit Salz, Pfeffer, Pfefferoni und Koriander abschmecken.

1 Portion enthält:
Brennwert: 200 kcal
Fett: 9,85 g
Eiweiß: 15,04 g
Kohlenhydrate: 11,75 g

Schilcher-Zwiebelsuppe mit Zwiebeltarte

Teig:
200 g Mehl
140 g Butter
1 Ei
Salz
40 ml Wasser

Suppe:
³⁄₄ l Rindsuppe
250 g Zwiebeln, in feine Ringe geschnitten
150 g Schalotten, in feine Ringe geschnitten
¹⁄₁₆ l Schilcher
1 EL Traubenkernöl
1 EL Butter
Zucker
1 Lorbeerblatt
1 Nelke
Mehl
4 Scheiben Baguette, getoastet
50 g Bergkäse, gerieben
Salz
Pfeffer

Tartemasse:
150 g Zwiebeln, in feine Ringe geschnitten
50 g Schilcherschalotten, in feine Ringe geschnitten
25 g Speck, in feine Streifen geschnitten
25 g Butter
70 g Käse, gerieben
Salz
Pfeffer

Überguss:
2 Eier
1 Dotter
150 ml Milch
150 g Crème fraîche
Muskatnuss
Salz
Pfeffer

Für den Teig das Mehl, zimmerwarme Butter, Salz und das ganze Ei in eine Schüssel geben und gut vermengen. Langsam das Wasser dazugeben und zu einem festen Teig kneten. In Klarsichtfolie einschlagen und ca. 4 Stunden im Kühlschrank rasten lassen.

Schalotten und Zwiebeln in der Öl-Butter-Mischung mit einer Prise Zucker langsam goldbraun anrösten. Ein wenig stauben, mit dem Wein ablöschen und mit der Rindsuppe aufgießen. Lorbeerblatt und Nelke dazugeben und auf kleiner Hitze ungefähr eine Dreiviertelstunde köcheln lassen. Suppe salzen und pfeffern.

Für die Tartemasse den Speck mit der Butter auslassen, darin Zwiebeln und Schalotten bei kleiner Flamme eine Viertelstunde lang weich kochen.
Inzwischen die restlichen Zutaten für die Masse in eine Schüssel geben und gut verrühren.
Eine feuerfeste und ausgebutterte Form mit dem Teig auslegen, die Zwiebeltartemasse einfüllen und mit dem Überguss auffüllen. Geriebenen Käse darüberstreuen und im Backrohr bei 200 °C ca. 20 Minuten backen.
Die Brotscheiben ebenfalls mit geriebenem Käse belegen und im heißen Rohr überbacken und in die Suppe legen. Gemeinsam mit der Tarte anrichten.

1 Portion enthält:
Brennwert: 1064 kcal
Fett: 71,76 g
Eiweiß: 26,31 g
Kohlehydrate: 73,60 g

Maronisuppe

1 kg Maroni
⅛ l Wasser
4 Schalotten, fein gehackt
125 ml Schlagrahm
1 EL Sauerrahm
750 ml Gemüsesuppe
¼ l Schilcher, halbtrocken
1 TL Zitronensaft
Zucker
Butter

Die Schale der Maroni einschneiden, auf ein Backblech legen, Wasser dazugießen und im vorheizten Backohr bei 200 °C ungefähr 20 Minuten braten, bis die Maroni leicht angebräunt aus der Schale schauen. Nun schälen und klein schneiden. Schalotten mit Zucker und der Butter ankaramellisieren, mit Schilcher ablöschen und etwas einkochen lassen. Dann die Maroni dazugeben und mit Suppe auffüllen. Eine halbe Stunde weiterköcheln lassen. Dann Schlagrahm und Sauerrahm dazugeben und mit dem Stabmixer pürieren. Mit Salz und Pfeffer und Zitronensaft abschmecken.

1 Portion enthält:
Brennwert: 141 kcal
Fett: 13,63 g
Eiweiß: 1,19 g
Kohlehydrate: 3,22 g

Apfel-Schilchersturm-suppe mit Kren

2 Schalotten, klein geschnitten
2 EL Butter
1/4 l Schilcher
1/4 l Schilchersturm
1/8 l Schlagrahm
je 1 MS Muskat und Zimt
etwas Mehl zum Stauben
2 kleine säuerliche Äpfel, geschält, Kerngehäuse entfernt, kleinwürfelig geschnitten
1 l Gemüsesuppe
1 EL Kren, frisch gerieben
4 EL Schwarzbrotcroutons
Salz
Pfeffer

Die Schalotten in Butter anschwitzen, Äpfel dazugeben, kurz anschwitzen, mit Mehl stauben, mit dem Schilcher ablöschen und aufkochen lassen. Danach mit Sturm und Suppe auffüllen. Zimt und Muskat dazugeben, salzen und pfeffern. Die Hälfte des Schlagrahms dazugeben und kurz aufkochen lassen. Dann mit dem Stabmixer pürieren. Den restlichen Schlagrahm halbfest schlagen und mit dem geriebenen Kren erst kurz vor dem Servieren untermengen. Mit Schwarzbrotcroutons servieren.

1 Portion enthält:
Brennwert: 423 kcal
Fett: 25,38 g
Eiweiß: 3,97 g
Kohlenhydrate: 42,81 g

Wiesenkräutersuppe mit Räucherforelle

6 EL frische Kräuter, fein gehackt
1 Knoblauchzehe, fein gehackt
100 g Schalotten, geschält, halbiert
6 EL Schilchertraubenkernöl
1/4 l Schilcher
5/8 l Gemüsesuppe
100 g mehlige Erdäpfel, geschält, gewürfelt
1/8 l Sauerrahm, glatt gerührt
4 Räucherforellenfilets
Zitronensaft
Öl
4 EL Weißbrotcroutons
Muskat
Salz, Pfeffer

Die Schalotten im heißen Öl glasig anschwitzen und mit dem Wein ablöschen. Die Suppe dazugießen, Erdäpfel dazugeben und ca. 30 Minuten köcheln lassen. Sauerrahm einrühren, abschmecken und mit dem Stabmixer pürieren.
5 EL Kräuter mit dem Knoblauch und dem Traubenkernöl fein mixen und in die Cremesuppe schaumig einmixen. Mit Zitronensaft abschmecken.
Die Suppe mit den Forellenfilets anrichten und mit frischen Kräutern und Croutons servieren.

1 Portion enthält:
Brennwert: 535 kcal
Fett: 43,87 g
Eiweiß: 18,37 g
Kohlenhydrate: 14,14 g

Klare Sellerie-Schilcher-Suppe mit gebeiztem Saibling und Gemüsejulienne

Suppe:
600 g Sellerie, geraspelt
80 g Karotten, geraspelt
50 g Lauch, fein geschnitten
1 Knoblauchzehe, fein gehackt
2 Eiklar
¼ l Wasser
¼ l Gemüsesuppe
½ l Schilcher, halbtrocken
Wachholderbeeren
Rosmarin, frisch
Thymian, frisch
1 Lorbeerblatt, 20 Pfefferkörner
20 g Zucker
100 g Wurzelwerk, Julienne, blanchiert
Salz

Saibling:
180 g Saiblingsfilets, zugeputzt, entgrätet
20 g Zucker
1 ½ EL Schilchertraubenkernöl
20 g Dill, frisch gehackt
20 g Petersilie, fein gehackt
Koriandergrün, nach Geschmack
Saft von ½ Zitrone
1 EL Schilcheressig
Meersalz, Pfeffer

Für den gebeizten Saibling die Filets mit den Gewürzen und den gehackten Kräutern, dem Traubenkernöl, Essig und dem Zitronensaft marinieren und einige Stunden kalt stellen. Danach ohne die Haut zu verletzen so dünn wie möglich einschneiden.

Gemüse mit den Gewürzen und dem Eiklar kalt verrühren, anschließend mit kaltem Wasser, der kalten Suppe und dem Schilcher aufsetzen. Rund eine Stunde stehen lassen. Danach in einer Kasserolle sehr langsam erhitzen, das Eiklar gerinnt und die nimmt die Trübstoffe auf. Wenn das ganze Gemüse obenauf schwimmt, durch ein feines Etamin abseihen. Die Suppe müsste jetzt klar sein. Wenn nötig, abschmecken und die Gemüsejulienne als Einlage beigeben. Mit den gebeizten Saiblingsfilets servieren.

1 Portion enthält:
Brennwert: 221 kcal
Fett: 12,22 g
Eiweiß: 14,33 g
Kohlehydrate: 12,61 g

Sturmsuppe mit Zander-Pofesen

400 g Knollensellerie, würfelig geschnitten
200 g Zwiebeln, fein geschnitten
150 ml Schilcher, 1/2 l Schilchersturm
200 ml Hühnerfond
Schilchertraubenkernöl
1/4 l Schlagrahm
Butter, Wacholderbeeren, weiße Pfefferkörner
Lorbeerblatt, Muskatnuss, 1 TL Honig
Salz, Pfeffer

Zander-Pofesen:
100 g Zander, in dünne Scheiben geschnitten
3 Eier und 2 cl Schlagrahm, verquirlt mit fein geschnittener Petersilie
4 Scheiben Toastbrot
40 g Fischfarce
1 EL blanchierte Spinatblätter
Öl, Butterschmalz, Dille
Zitronensaft, Salz, Pfeffer

1 Portion enthält:
Brennwert: 730 kcal
Fett: 53,66 g
Eiweiß: 16,25 g
Kohlehydrate: 43,00 g

In einer Öl-Butter-Mischung Sellerie und Zwiebeln hell anschwitzen, mit Wein ablöschen und einkochen lassen. Mit Sturm und Hühnerfond aufgießen, die Gewürze dazugeben und bei schwacher Hitze einige Minuten weiterköcheln lassen. Anschließend Schlagrahm einrühren und 10 Minuten einkochen. Dann die Suppe pürieren, abseihen und nochmals aufkochen. Mit Salz, Pfeffer, Muskat und Honig abschmecken. Vor dem Servieren mit kalten Butterwürfeln schaumig schlagen. Für die Pofesen die Toastbrotscheiben mit Fischfarce bestreichen, mit Spinat belegen und die Zanderscheiben mit der Dille zwischen zwei Toastscheiben legen. Die Pofesen durch die verquirlten Eier ziehen und in heißem Butterschmalz schwimmend goldbraun backen. Abtropfen lassen und vierteln.
Die Suppe in tiefen Tellern mit den Pofesen anrichten.

Fischbeuschelsuppe

1 kg Karpfenkarkassen
1 Karpfenbeuschel
1 Karpfenrogen
50 g Mehl
Schilcheressig
2 Bd. Suppengrün
3 Schalotten, halbiert
100 g Wurzelgemüse, fein geschnitten
50 g Butter
1/8 l Blauer Wildbacher
Pfefferkörner
Thymian
Lorbeerblatt
1/2 Bd. Petersilie, fein gehackt
4 EL Weißbrotcroutons
Salz
Pfeffer

Mit den Karpfenkarkassen, Suppengrün, Schalotten und den Gewürzen sowie dem Essig kalt aufgesetzt eine Fischsuppe bereiten und abseihen. Mit etwas Zucker eine helle Einbrenn bereiten, mit dem Wein ablöschen und mit der Karpfensuppe auffüllen. Mit dem Wurzelgemüse noch eine halbe Stunde langsam und gleichmäßig kochen. Inzwischen Karpfenbeuschel und Karpfenrogen in gesäuertem Wasser kochen, bis der Rogen hart und gelb wird. Beuschel herausnehmen und klein schneiden, den Rogen mit einer Gabel zerdrücken und mit einer Schneerute zerschlagen. Danach Beuschel und Rogen in die fertige Suppe geben und nochmals abschmecken. Die pikant, säuerliche Suppe mit Weißbrotcroutons und der Petersilie bestreut servieren.

1 Portion enthält:
Brennwert: 628 kcal
Fett: 29,15 g
Eiweiß: 70,72 g
Kohlehydrate: 18,00 g

Weststeirische Bouillabaisse

1 kg Teichfische, gemischt
1 Zwiebel, in Würfel geschnitten
4 Knoblauchzehen, fein gehackt
5 Schalotten, in Würfel geschnitten
1 kleiner Fenchel, in Würfel geschnitten
100 g Lauch, klein geschnitten
1 Karotte, in Würfel geschnitten
50 g Champignons, feinblättrig geschnitten
50 g Stangensellerie, in Würfel geschnitten
2 Petersilienwurzeln, in Würfel geschnitten
1 Stück Orangenschale
1/8 l Traubenkernöl
1 EL Tomatenmark
300 g Paradeiser, grob geschnitten
1/2 l Schilcher, 1/8 l Noilly Prat-Wermut
1 Baguette, einige Safranfäden
2 Knoblauchzehen, Thymian, Cayennepfeffer
Salz, Pfeffer

1 Portion enthält:
Brennwert: 952 kcal
Fett: 45,30 g
Eiweiß: 59,07 g
Kohlehydrate: 71,31 g

Einen Teil der Fische filetieren und mit Safran, Knoblauch, Öl mariniert beiseite stellen. Sie werden hernach als Einlage verwendet.
Das gesamte Gemüse in heißem Öl langsam rösten, gegen Ende Tomatenmark einrühren und kurz mitrösten.
In einem anderen Topf die Fischstücke im heißen Öl gut anrösten, das Gemüse hinzugeben und kurz weiterrösten. Mit Wermut und Schilcher ablöschen, Bratensatz vom Boden lösen und mit kaltem Wasser auffüllen. Nun die Paradeiser hineingeben, mit Salz, Pfeffer, Cayennepfeffer, Safran und den übrigen Gewürzen abschmecken. Ca. eine Dreiviertelstunde bei schwacher Hitze köcheln lassen. Anschließend die Suppe durchmixen und durch ein Sieb streichen. Ein weiteres Mal kurz aufkochen und letztmalig abschmecken. Darin die Fischfilets kurz pochieren.
Baguette toasten und mit Knoblauch einreiben. Die Bouillabaisse mit dem Knoblauchbrot servieren.

Beschwipste Kalbssuppe

Gewidmet vom Weingut Familie Kuntner, St. Ulrich in Greith

250 g Kalbfleisch
60 g Butter
30 g Mehl
Saft 1 Zitrone
1 Dotter
1/8 l Schlagrahm
1/8 l Schilcher, gleich gepresst
Salz
weißer Pfeffer

Das Fleisch im Ganzen in heißer Butter anbraten, mit einem Liter Wasser aufgießen und weich kochen. In einem hohen Topf eine helle Einbrenn bereiten und mit der Fleischsuppe aufgießen. Das Kalbfleisch herausnehmen, in mundgerechte Würfel schneiden und wieder in die Suppe legen, würzen und mit Zitronensaft abschmecken. Die Suppe dann mit verquirlten Wein, Dotter und Schlagrahm legieren.

1 Portion enthält:
Brennwert: 286 kcal
Fett: 24,26 g
Eiweiß: 14,70 g
Kohlehydrate: 1,26 g

Gruß aus der
Haubenküche

Willi Haider, Haubenkoch und steirischer Kochschulbetreiber der ersten Stunde, ist ja schon gern gesehener Gast in meinen Kochbüchern. Er steuert nicht nur meisterhaft seinen Kochlöffel, sondern hier auch einige seiner Top-Schilcherrezepte bei.

Wein- oder Mostschaumsuppe mit Sternanis und Kletzenzwieback

1/2 l Schilcher oder 3/4 l Most
2 Lorbeerblätter
einige Zwiebelringe
Mehlbutter
1–2 Stk. Sternanis grob zerdrückt oder 1 kleines Stück Zimtrinde
1 l kräftige Rind-, Kalb- oder Geflügelsuppe zugießen
0,4 l Schlagrahm
evtl. 1 TL Tomatenmark für die Farbe (leicht rosa)
Sternanis, gemahlen
8 dünne Scheiben Kletztenbrot
Salz
weißer Pfeffer

Wein mit Lorbeer, Sternanis und Zwiebeln auf ca. die Hälfte einkochen und abseihen. Suppe dazugeben und mit Mehlbutter (ca. 60 g flüssige Butter und 40 g glattes Mehl verrührt) binden, aufkochen und einig Minuten gut durchkochen. Mit Salz und etwas weißem Pfeffer sowie Sternanis oder Zimt abschmecken. Im Turmmixer oder mit dem Stabmixer mit dem Schlagrahm aufmixen. Mit Brotwürfeln oder Kletzenbrotzwieback anrichten.

Kletzenbrotzwieback: Kletzenbrot in dünne Scheiben schneiden und im Rohr bähen bzw. trocknen.
Oder mit dünn geschnittenen, schwarzen Nüssen, gebackenen Blätterteigstangerln – mit Anis bestreut – oder gerösteten Brotwürfeln servieren.

Wichtig: Eine sehr kräftige Suppe (am besten vom Kalb) verwenden, denn wenn die Suppe zu schwach ist, bekommt sie einen zu sauren Geschmack.

1 Portion enthält:
Brennwert: 309 kcal
Fett: 31,35 g
Eiweiß: 2,33 g
Kohlehydrate: 3,56 g

Gebackene Kürbisblüten

Weinteig:
2 Dotter
2 Eiklar, mit 20 g Zucker steif geschlagen
⅛ l Schilcher
2 EL Öl
150 g Mehl
1 Zitrone, Zitronenschale gerieben
Salz

12 Kürbisblüten, gewaschen, getrocknet
1 MS Muskatnuss, fein gemahlen
Staubzucker/Schilchergelee/pikante Schilchersauce

Für den Weinteig Dotter, Wein, Öl, Zitronensaft und eine Prise Salz glatt rühren. Dann das Eiklar unterheben. Der Teig sollte nicht zu dünnflüssig sein.

Kürbisblüten durch den Teig ziehen. In heißem Öl herausbacken und entweder süß mit Staubzucker, erfrischend mit Schilchergelee oder pikant mit entsprechender Schilchersauce anrichten.
Der restliche Weinteig kann tröpfchenweise in heißem Öl herausgebacken werden und gibt so eine köstliche Näscherei für zwischendurch.

1 Portion enthält:
Brennwert: 261 kcal
Fett: 0,70 g
Eiweiß: 6,69 g
Kohlehydrate: 55,61 g

… Gruß aus der Haubenküche

Schilcher Biskuitroulade

Biskuitteig:
9 Eier
200 g Staubzucker
Vanillezucker
160 g glattes Mehl
160 g Maisstärkemehl
100 g flüssige Butter
Zesten von 1–2 Zitronen, Salz

Fülle:
4 Dotter
140 ml Schilcher
8 Blatt Gelatine
Saft von 1 großen Zitrone
90 g Zucker
450 ml Schlagrahm
500 g gemischte Beeren
1 Prise Vanillezucker, Staubzucker
Salz

1 Portion enthält:
Brennwert: 754 kcal
Fett: 34,20 g
Eiweiß: 27,15 g
Kohlehydrate: 80,84 g

Eier, Zucker, eine Prise Vanillezucker und Salz sowie geriebene Zitronenschale für den Biskuitteig schaumig rühren und das gesiebte Mehl und Stärkemehl einrühren. Dann die Butter unterheben. Ein bis zwei Backbleche mit Backpapier auslegen und die Masse gleichmäßig darauf streichen. Bei ca. 220 °C 5 bis 6 Minuten rasch backen. Herausnehmen und gleich auf ein weiteres Backpapier stürzen. Zwischen den beiden Backpapieren auskühlen lassen.
Für die Fülle Dotter mit Wein, Zucker, Vanillezucker, und einer Prise Salz über Dampf aufschlagen, dann kalt weiterschlagen. Die aufgelöste Gelatine und den Zitronensaft einrühren und den geschlagenen Schlagrahm unterheben.
Den Biskuitteig auflegen und mit der Schilchercreme gleichmäßig bestreichen. Beeren gleichmäßig darauf verteilen. Das Ganze eine Stunde kühl stellen und stocken lassen.

Rote Rüben im
Schilcherteig mit
Krenschaum

Schilcherweinteig-Gerichte

Der Variantenreichtum bei diesen Gerichten ist spezifisch und offen für viele eigene Kreationen aus dem Grundrezept, sodass wir eine eigene Abteilung dafür einrichten. Von pikant bis süß, von Gemüse bis Fleisch und Fisch, von pur bis raffiniert, alles lässt der Schilcherweinteig zu. Lassen Sie sich verführen zum gebackenen Genuss mit Schilcher.

Schilcherweinteig

**2 Eier
250 g Mehl
150 ml Schilcher
50 ml Mineralwasser
Muskatnuss, gemahlen
Salz**

Dotter vom Eiklar trennen. Die Dotter mit Mehl, Wein, Mineralwasser und je einer Prise Salz und Muskat zu einem festen Teig rühren und dann das steif geschlagene Eiklar unterheben.

1 Portion enthält:
Brennwert: 215 kcal
Fett: 0,70 g
Eiweiß: 6,69 g
Kohlehydrate: 44,38 g

Rote Rüben im Schilcherteig mit Krenschaum

Foto Seite 65

1 Portion enthält:
Brennwert: 1108 kcal
Fett: 73,47 g
Eiweiß: 17,47 g
Kohlehydrate: 90,28 g

**Teig:
300 g Mehl
3 Dotter
200 ml Schilcher
100 ml kohlensäurehältiges Mineralwasser
70 g Butter
3 Eiklar
Salz, Öl zum Backen**

**Rote Rüben:
400 g Rote Rüben
Kümmel, Lorbeer
1 Prise Zucker
1 EL Schilcheressig
Mehl**

**Krenschaum:
4 EL Oberskren
2 Dotter
50 ml Schilcher
Salz, Pfeffer**

1 Bd. Petersilie und Kapuzinerkresseblüten zum Garnieren

Die Roten Rüben schälen und geviertelt in kaltem Wasser mit Lorbeer, Kümmel, Zucker, Essig und Salz zustellen und kernig weich kochen.
Für den Teig die Zutaten zusammenrühren, Butter flüssig und Eiklar leicht aufgeschlagen unterheben. Die Rübenstücke in Mehl wenden, auf einer Gabel durch den Teig ziehen und im heißen Öl ca. 2 bis 3 Minuten goldgelb backen. Zum Schluss die Petersilie kurz frittieren.
Die Zutaten für den Krenschaum über Dampf schaumig schlagen, auf die Teller gießen, mit den gebacknen Roten Rüben – eine aufgeschnitten – und mit der frittierten Petersilie sowie den Kapuzinerkresseblüten garniert anrichten.

Schilcherweinteig-Gerichte

Austernpilze im Schilcherteig mit Roquefortsauce

600 g Austernpilze
2 Dotter
2 Eiklar, steif geschlagen
¼ l Schilcher
200 g Weizenmehl
150 g Roquefort, durch ein Sieb gestrichen
100 ml Milch
200 ml Sauerrahm
1 TL grüne Pfefferkörner, gestoßen
Öl
Salz
Pfeffer

Austernpilze trocken mit der Pilzbürste reinigen und den Stiel herausschneiden. Größere Exemplare halbieren. Dann die Pilze salzen und pfeffern.
Dotter mit Wein, Mehl und etwas Salz verrühren und den Eischnee langsam unterheben.
Für die Sauce den Käse mit Milch verrühren, Sauerrahm und grünen Pfeffer dazugeben und das Ganze glatt rühren.
Die Austernpilze durch den Teig ziehen, im heißen Fett goldbraun herausbacken und auf einem Küchenpapier abtropfen lassen. Die gebackenen Pilze mit der Roquefortsauce servieren.

1 Portion enthält:
Brennwert: 547 kcal
Fett: 32,51 g
Eiweiß: 20,72 g
Kohlehydrate: 38,49 g

Gebackener Schafs-Rotschmierkäse

mit Rohschinken im Schilcherteig und grünem Salat mit Wildkräutern

Gewidmet vom Kräuterhof Gertrude und Herbert Pratter vlg. Kristertoni, Großradl

Gebackener Käse:
4 Stück à ca. 80 g Schafs-Rotschmierkäse (Bellino)
8 große Scheiben Rohschinken
125 g griffiges Mehl
⅛ l Schilcher
1 Eiklar, steif geschlagen
1 Dotter
1 Birne, geraspelt
Schilchergelee
Öl, Salz

1 Portion enthält:
Brennwert: 1027 kcal
Fett: 48,04 g
Eiweiß: 109,67 g
Kohlehydrate: 30,07 g

Salat:
1 Häuptel grüner Salat, gewaschen, trocken geschleudert, in mundgerechte Stücke gerissen
1/16 l Schilcheressig
2 EL Traubenkernöl
1 EL Zucker
2 EL Wildkräuter (Quendel, Sauerampfer, Brunnenkresse, Dost, Wiesenkümmel, Bärlauch etc.), gewaschen, gehackt
Salz, Pfeffer

Mehl mit Schilcher, Dotter und einem Esslöffel Öl zu einem glatten Teig verrühren. Eischnee unterheben. Die Birne unterheben. Käsestücke mit 2 Scheiben Rohschinken umwickeln und durch den Backteig ziehen. Im heißen Öl beidseitig knusprig backen.
Salatmarinade mit Essig, Öl, etwas Wasser, Salz, Pfeffer und Zucker zubereiten und über den Salat geben. Gewaschene, gehackte Kräuter über den Salat streuen und locker untermischen.
Gebackenen Käse mit dem Salat servieren.

Gebackener Schafskäse im Schilcher-Zimt-backteig mit Erdbeerschilcherragout

Gewidmet vom Weingut Christian Jauk, Pölfing-Brunn

400 g Schafsfrischkäse, in 8 bis 12 Würfel geschnitten
⅛ l Schilcher, halbtrocken
100 g Mehl
2 Dotter
2 Eiklar, steif geschlagen
Vanillezucker
Zimt, gemahlen
dünne Zimtstangen
Öl, Salz

1 Portion enthält:
Brennwert: 883 kcal
Fett: 34,57 g
Eiweiß: 101,70 g
Kohlehydrate: 32,55 g

Erdbeerschilcherragout:
250 g Erdbeeren, klein geschnitten
20 g Stärkemehl
40 g Staubzucker
100 ml Schilcher, halbtrocken
Schilcher Eiswein

Schilcher, Zucker, eine Prise Zimt und Salz, Vanillezucker, Dotter und Mehl glatt verrühren, dann den Eischnee unterheben. Schafskäse auf die Zimtstangen aufspießen, durch den Teig ziehen und im heißen Öl herausbacken.
Erdbeeren mit Schilcher und Staubzucker in einem Topf aufkochen lassen und mit einem Stärke-Wassergemisch eindicken.
Gebackenen Käse mit dem Erdbeerragout servieren. Dazu ein Gläschen Schilcher Eiswein reichen.

Karpfenstreifen im Bier-Schilcherweinteig

Foto Seite 71

Gewidmet vom Reiterhof Mörtlweberland, Familie Krieger, St. Ulrich i. G.

1 mittlerer Karpfen, filettiert, gehäutet, in 2 cm breite Streifen geschnitten, geschröpft
Saft von 1 Zitrone
1 Zitrone, in Scheiben geschnitten
Salz

Backteig:
300 g Mehl
100 ml Bier
1/4 l Schilcher
100 ml Mineralwasser
2 Eier
1/2 Pkg. Trockengerm
Öl
Muskatnuss
Salz

Salat:
Gemischte Blattsalate, gewaschen, trocken geschleudert, in mundgerechte Stücke gerissen
Schilcheressig
Kürbiskernöl
Salz
Pfeffer

Sauce:
8 EL Mayonnaise
1 EL Tomatenmark
1 EL Senf
1 EL Kren
4 EL Schilcher
Salz
Pfeffer

Karpfenstücke mit Zitronensaft und Salz marinieren und mindestens eine halbe Stunde ziehen lassen.
Für den Backteig Eier, Bier, Wein, Mineralwasser, Salz, Germ und Muskatnuss mit einem Schneebesen gut aufschlagen, dann mit dem Mehl verrühren. Eine halbe Stunde zugedeckt ziehen lassen und nochmals kurz aufschlagen, bis der Teig zähflüssig ist. Die Karpfenstreifen durch den Teig ziehen, im heißen Öl goldgelb backen. Auf Küchenpapier gut abtropfen lassen. Blattsalate mit dem Schilcheressig, Kürbiskernöl, Salz und Pfeffer abmachen, alle Zutaten für die Sauce verrühren und einige Tropfen davon ebenfalls auf den Salat geben. Den Rest der Sauce als „Saucenspiegel" auf den Tellern anrichten, die Karpfenstreifen mit Zitronenscheiben garniert darauf setzen und mit dem Salat servieren.

1 Portion enthält:
Brennwert: 924 kcal
Fett: 48,79 g
Eiweiß: 61,06 g

Karpfenstreifen
im Bier-
Schilcher-
weinteig

71

Hollerstrauben in Schilcherbackteig

Gewidmet vom Kräuterhof Gertrude und Herbert Pratter vlg. Kristertoni, Großradl

12 frische Hollerblüten, gewaschenen, abgetropft
¼ l Schilcher
40 g Zucker
2 Dotter
2 Eiklar, steif geschlagen
1 Pkg. Vanillezucker
120 g Mehl
Zitronenschale
Salz
Butterschmalz oder Öl
Staubzucker
Zimt

Den Schilcher mit Zucker, Dotter und Gewürzen abrühren, Eischnee und Mehl unterheben. Die Hollerblüten in den Teig tauchen und in heißem Öl goldgelb herausbacken. Mit einem Zimt-Zucker-Gemisch bestreut servieren.
Dazu passt noch sehr gut ein Schilcherschaum (siehe Seite 147) oder ein Schilchergelee.

1 Portion enthält:
Brennwert: 386 kcal
Fett: 10,91 g
Eiweiß: 7,18 g
Kohlehydrate: 58,08 g

Apfelspalten in Schilcherweinteig

Gewidmet vom Gasthof „Zur schönen Aussicht", Familie Strohmaier, Wies

100 ml Schilcher, halbtrocken
2 Dotter
2 Eiklar, steif geschlagen
30 g Staubzucker
150 g glattes Mehl
4 Äpfel, eher säuerlich
2 EL Schilcherbrand
Saft von 1/2 Zitrone
Öl
Schilchergelee
Zucker
Zimt
Salz

Mehl mit Schilcher, Dotter und einer Prise Salz zu einem flüssigen Teig verrühren und den Eischnee unterheben, also wie bei einen Palatschinkenteig zubereiten. Die Äpfel schälen, Kerngehäuse ausstechen und in ca. 1 cm dicke Scheiben schneiden. Kurz in Zitronensaft, dann in den Schilcherbrand einlegen. Mit einer Gabel die Apfelscheiben durch den Teig ziehen und im heißen Öl goldgelb backen. Mit Zimt und Zucker bestreut anrichten. Dazu passt auch gut ein Häubchen Schilchergelee.

1 Portion enthält:
Brennwert: 485 kcal
Fett: 12,09 g
Eiweiß: 6,97 g
Kohlenhydrate: 84,62 g

Mandelhuhn mit
Schilcher

Hauptgerichte und Beilagen

Die Vielfalt der Spielarten des Schilchers spiegelt sich auch in der Vielfalt seiner Einsatzmöglichkeiten in der Küche wider. Insbesondere bei den Hauptspeisen. Die Gefahr eines hohen Alkoholgehalts in den Speisen ist in gewissem Maße gegeben, ein großer Teil verkocht aber und „nur" die Geschmackskomponente und ein kleiner Teil bleiben am Teller übrig. Höheren Alkoholanteil haben aber Gerichte mit Weinbeigaben kurz vor dem Anrichten, beispielsweise bei Saucen, um die Schilchernote des Gerichtes noch besser hervorzustreichen.

Sauce vom Blauen Wildbacher

½ l Braune Grundsauce
100 g Schalotten, fein gehackt
100 g Champignons, feinblättrig geschnitten
1 buntes Kräutersträußchen nach Saison und Geschmack
¼ l Blauer Wildbacher
20 g Butter
1 MS Chili
1 MS Ingwer

Schalotten und Champignons mit dem Kräuterbukett zum Wein geben und diesen auf ca. die Hälfte einkochen. Braune Grundsauce dazurühren und verkochen. Dann das Ganze passieren, mit Butter montieren und mit Chili und Ingwer abschmecken.
Passt hervorragend zu dunklem Fleisch oder dunklem Gemüse.

1 Portion enthält:
Brennwert: 53 kcal
Fett: 4,27 g
Eiweiß: 1,23 g
Kohlenhydrate: 2,47 g

Feuriges Schilchergelee

Gewidmet vom Kirchenwirt Mauthner, Wies

1 l Schilcher
1 kg Gelierzucker
2 EL bunte Pfefferkörner
8 kleine rote Pfefferoni, ganz
einige Zitronenthymianzweige
1 TL Ingwer, gemahlen

1 Portion (1/16 der Rezeptmenge) enthält:
Brennwert: 254 kcal
Fett: 0,02 g
Eiweiß: 0,00 g
Kohlenhydrate: 61,88 g

Schilcher mit Gelierzucker und Pfefferkörnern zum Kochen bringen und ca. 5 Minuten kochen. Dann die Pfefferoni einlegen und das Ganze bis zur Gelierprobe weiterkochen lassen. Anschließend in kleine vorbereitete Gläser mit je einer Pfefferoni und einem Thymianzweig geben und sofort verschließen.
Zu kaltem Braten oder einer deftigen Jause kommt das Gelee richtig gut. Dazu getrunken wird natürlich – Schilcher!

Chutney vom Roten Weingartenpfirsich

1,5 kg Weingartenpfirsiche, geschält, halbiert, entkernt
2 rote Zwiebeln, fein gewürfelt
3 Knoblauchzehen, fein gehackt
½ l Schilcheressig
250 g brauner Zucker
200 g Datteln, getrocknet, entsteint, klein geschnitten
100 g Rosinen
Saft von 2 Orangen
1 TL Piment, gemahlen
1 TL Zimt, gemahlen
1 Prise Ingwer, gemahlen
1 TL Tabasco, 2 TL Salz

1 Portion (1/16 der Rezeptmenge) enthält:
Brennwert: 164 kcal
Fett: 0,64 g
Eiweiß: 1,37 g
Kohlenhydrate: 38,18 g

Alle Zutaten in einen Topf geben und unter ständigem Rühren behutsam erhitzen, bis sich der Zucker aufgelöst hat. Dann die Mischung zum Kochen bringen und zugedeckt etwa eine Stunde köcheln lassen, bis die Masse eingedickt ist. Gelegentlich umrühren. Das Chutney in vorgewärmte, saubere Gläser füllen und fest verschließen. Ungefähr zwei Monate bis zum Gebrauch kühl, trocken im Dunkeln reifen lassen. Schmeckt hervorragend zu reifem Camembert und Hartkäse, zu geräuchertem Geflügel, Lamm, Schinken und Wild.

Hauptgerichte und Beilagen

Schilcher-Rotkraut

½ kg Rotkraut, fein gehobelt
30 g Zucker
1 kleines Stück Zimtrinde
Gewürznelken
30 g Rosinen
1 Apfel, geschält, klein gewürfelt
½ l Blauer Wildbacher
Schilcherbalsamico
Salz

Alle Zutaten mit einem halben Achterl Blauen Wildbacher und einem Schuss Schilcherbalsamico einen Tag lang marinieren. Dann mit dem restlichen Wein aufgießen und langsam bissfest kochen. Eignet sich als Beilage zu Wild oder Lamm, schmeckt aber auch köstlich zu gerösteten Semmel- bzw. Serviettenknödeln.

1 Portion enthält:
Brennwert: 156 kcal
Fett: 0,67 g
Eiweiß: 2,68 g
Kohlehydrate: 33,86 g

Schilcherweinzwiebeln

Gewidmet vom Weingut Stefan Pauritsch, Wernersdorf-Kogl

750 g kleine Zwiebeln, geschält
¼ l Blauer Wildbacher
2 Lorbeerblätter, zerbröckelt
100 g brauner Zucker
3 EL Schilchertraubenkernöl
1 EL Schilcherbalsamicoessig

Die Zwiebeln gleichmäßig in eine feuerfeste Form verteilen. Den Wein darübergießen, salzen pfeffern und Lorbeerblätter darüberstreuen. Bei 200 °C im Backrohr garen. Nach einer guten Viertelstunde Zucker darüberstreuen und mit dem Öl beträufeln. Eine weitere Dreiviertelstunde schmoren lassen. Der Sud sollte dann schon sämig sein. Zwischendurch Zwiebeln immer etwas wenden.

Die Zwiebeln mit der Sauce sind eine köstliche Beilage bzw. können nach dem Auskühlen für einen späteren Gebrauch in Gläser abgefüllt werden.

1 Portion enthält:
Brennwert: 181 kcal
Fett: 9,02 g
Eiweiß: 1,48 g
Kohlehydrate: 22,78 g

Schilcherrisotto

**300 g Risottoreis
100 g Schafskäse
¼ l Schilcher
½ l Hühnerbsuppe**

**Rucola
Cocktailparadaiser
1 EL Schilchertraubenkernöl
Salz
Cayennepfeffer**

Für das Risotto den Reis kurz im Öl anschwitzen, mit Schilcher und Hühnersuppe auffüllen und vorsichtig köcheln lassen. Das Risotto ständig rühren und immer wieder aufgießen. Wenn das Rissotto cremig und fertig ist, würzen und mit etwas geriebenem Schafskäse verfeinern. Lasagne mit dem Risotto anrichten und mit Rucola und Cocktailparadeisern farblich garnieren.

1 Portion enthält:
Brennwert: 509 kcal
Fett: 15,10 g
Eiweiß: 29,60 g
Kohlehydrate: 60,15 g

Risotto mit Kürbis und Birnen

**200 g Risottoreis
40 g Zwiebeln, klein gewürfelt
30 g Butter
¼ l Schilcher, halbtrocken
¼ l Gemüsefond
60 g Schafskäse, gerieben
4 kleine Scheiben Schafskäse
30 g Butter
50 ml Schlagrahm
Salz
weißer Pfeffer**

**Für die Garnitur:
100 g Zucchini, in Scheiben geschnitten
100 g Kürbis, blättrig geschnitten
1 Birne, blättrig geschnitten
50 g Butter
1 Kerbelzweig, gerebelt
Salz
weißer Pfeffer**

Die Zwiebeln in Butter kurz anschwitzen, Reis dazugeben und glasig anlaufen lassen. Mit Schilcher aufgießen und etwas einkochen lassen. Den Fond nach und nach unterrühren. Der Reis sollte immer bedeckt sein. Ständig umrühren, bis das Risotto gar und cremig ist, die Reiskörner sollten noch bissfest sein. Zuletzt Käse, Butter und den Schlagrahm einrühren und abschmecken.
Für die Garnitur Zucchini, Kürbis und Birne kurz in Butter anbraten. Salzen und pfeffern, auf dem Risotto fächerartig verteilen und mit dem Kerbel und den Käsescheiben anrichten.

1 Portion enthält:
Brennwert: 905 kcal
Fett: 42,42 g
Eiweiß: 77,37 g
Kohlehydrate: 45,64 g

Steinpilzragout mit Schafskäse-Knödeln

Gewidmet vom Weingut Familie Kuntner, St. Ulrich in Greith

1 kg Steinpilze, geputzt, trocken, in ½ cm dicke Scheiben geschnitten
1 Zwiebel, kleinwürfelig geschnitten
2 EL Öl
⅛ l Rindsuppe
1/16 l Schilcher
1/16 l Sauerrahm
1 EL Mehl
3 EL Petersilie, fein gehackt
Saft von 1 Zitrone
Majoran
Salz
Pfeffer

1 Portion enthält:
Brennwert: 946 kcal
Fett: 35,70 g
Eiweiß: 113,11 g
Kohlehydrate: 34,18 g

Schafskäse-Knödel:
400 g weicher Schafskäse
2 EL Basilikum, fein gehackt
2 Eier
160 g Grieß
Salz, Pfeffer

Den Schafskäse zerdrücken, mit dem Grieß, den Eiern, Basilikum, Salz und Pfeffer vermischen und das Ganze eine Viertelstunde rasten lassen. Knödelchen formen und in Salzwasser ca. 10 Minuten gar kochen.
Pilze im heißen Öl anbraten, herausnehmen und mit Salz, Pfeffer, Zitronensaft würzen. Im Bratensatz die Zwiebeln anrösten, mit Schilcher ablöschen und mit der Suppe aufgießen. Aufkochen lassen, die Pilze dazugeben und mit Kräutern und Gewürzen abschmecken. Pilze mit Petersilie bestreuen und den Knödelchen anrichten.

Krautnockerln mit Schilchersauce

500 g Weißkraut, fein gehobelt
100 g Zwiebeln, fein geschnitten
Knoblauch, fein gehackt
150 ml Schilcher
Muskat, gemahlen
Öl, Salz, Pfeffer

Teig:
150 g Mehl, glatt
150 g Topfen
15 g Butter
2 Eier

Schilchersauce:
150 ml Schlagrahm
1/4 l Schilcher
Salz, Pfeffer
Kräuter nach Saison und Geschmack
10 g Maisstärke

Alle Zutaten für den Teig glatt zusammenrühren. Davon Nockerln vom Brett in leichtes Salzwasser zupfen oder mit einem Löffel formen und kochen, bis diese obenauf schwimmen. Herausnehmen, kalt abschrecken und beiseite stellen.
Für das Kraut Zwiebeln in Öl anschwitzen, Kraut dazugeben und mit dem Schilcher ablöschen. Weich dünsten lassen und mit den Gewürzen abschmecken.
Schlagrahm und Wein für die Sauce aufkochen und auf zwei Drittel einreduzieren lassen. Mit der Stärke binden und abschmecken. Die Kräuter erst kurz vor dem Servieren dazugeben.
Die Nockerln und das Kraut gut vermengen, nochmals abschmecken und mit der Sauce servieren.

1 Portion enthält:
Brennwert: 312 kcal
Fett: 11,36 g
Eiweiß: 13,83 g
Kohlehydrate: 37,15 g

Schilcher Krautfleckerln

1 kleiner Krautkopf, in ca. 2 mal 2 cm große Stücke geschnitten
3 Zwiebeln, fein gehackt
300 g Fleckerln
1 TL Zucker
2 EL Schmalz
100 ml Schilcher, halbtrocken
1 EL Schnittlauch, fein gehackt
1 Prise Muskat
Salz
Pfeffer

Fleckerln in viel Wasser bissfest kochen. Zucker im heißen Schmalz in einer Pfanne karamellisieren, Zwiebeln dazugeben und umrühren, bis sie leicht Farbe angenommen haben. Kraut dazugeben und weiterrühren, bis das Kraut ebenfalls bräunlich geworden ist. Mit dem Schilcher ablöschen, salzen und pfeffern.

Einige Minuten köcheln lassen, dann die gekochten und gut abgetropften Fleckerln unter das Kraut mischen. Mit einer Prise Muskat und Schnittlauch würzen und fertigkochen, weich oder kernig, ganz nach Belieben. Beim Anrichten mit Schnittlauch bestreuen.

1 Portion enthält:
Brennwert: 161 kcal
Fett: 8,55 g
Eiweiß: 5,93 g
Kohlehydrate: 14,69 g

Erdäpfelgulasch mit Schilcher

**800 g Erdäpfel, geschält, grob gewürfelt
100 g Speck, gewürfelt
3 EL Schmalz
3 Zwiebeln, kleinwürfelig geschnitten
4 EL Tomatenmark
½ l Schilcher
½ l Suppe
200 g Lammwurst, in Scheiben geschnitten
Majoran
Salz
Pfeffer**

Speck und Zwiebeln im heißen Schmalz anschwitzen und vom Herd nehmen. Die Gewürze und das Tomatenmark unterrühren. Die Erdäpfel dazugeben und mit dem Schilcher und der Suppe auffüllen. Bei kleiner Hitze eine gute Viertelstunde köcheln lassen. Die Wurstscheiben dazugeben und das einfach köstliche, köstlich einfache Gericht ist fertig zum Servieren.

1 Portion enthält:
Brennwert: 805 kcal
Fett: 60,53 g
Eiweiß: 12,36 g
Kohlehydrate: 50,07 g

Mariniertes Gemüse mit Schilcherbalsamico

**Je 1 rote, gelbe und grüne Paprika, in 2 cm große Rauten geschnitten
1 kleine Zucchini, in Scheiben geschnitten
2 Schalotten, geschält, geviertelt
6 Knoblauchzehen, geschält, halbiert
1 mittlere Karotte, in dünne Scheiben geschnitten
Schilchertraubenkernöl
Schilcherbalsamessig
2 EL Kräuter nach Saison, gehackt
Schilcher
Salz
Pfeffer**

Zwiebeln und Karotten in einer großen Pfanne im heißen Öl anbraten, dann den Knoblauch hinzugeben. Nach einigen Minuten die Zucchini und die Paprikastücke dazugeben und kurz bissfest anbraten. Jetzt mit ca. 2 EL Balsamessig ablöschen. Kurz einreduzieren, vom Herd nehmen und nochmals mit 2 EL Öl durchschwenken. Mit Salz und Pfeffer abschmecken, die gehackten Kräuter darüberstreuen und mit etwas Schilcher ablöschen. Als Vorspeise mit einem getoasteten Schilcherbot servieren. Eignet sich aber auch vorzüglich als Beilage für Fisch-, Fleisch- oder Schafskäsegerichte.

1 Portion enthält:
Brennwert: 120 kcal
Fett: 9,16 g
Eiweiß: 2,77 g
Kohlehydrate: 6,744 g

Schilcherkohlrabi

2 große Kohlrabi, in mittelgroße Stifte geschnitten
4 kleine Zwiebeln, fein geschnitten
30 g Butter
300 ml Schilcher
300 ml Gemüse- oder Hühnerfond
20 frische Erbsenschoten, in Rauten geschnitten
2 EL Basilikum, gehackt
2 TL Estragon, gehackt
Mehl
2 EL Sauerrahm
Muskat
4 Scheiben Schilcherbrot, getoastet
Salz
Pfeffer

Zwiebeln in heißer Butter glasig anschwitzen, Kohlrabi dazugeben und ebenfalls kurz mitrösten. Mit Schilcher ablöschen und auf $2/3$ einreduzieren lassen. Mit Suppe aufgießen und bissfest dünsten. Sauerrahm mit etwas Mehl verrühren und unterheben. Die Erbsenschoten hinzugeben, durchziehen lassen und mit Salz, Pfeffer und Muskat abschmecken. Mit den Kräutern durchschwenken. Als Beilage oder appetitanregende Vorspeise mit einem getoasteten Schilcherbrot servieren.

1 Portion enthält:
Brennwert: 301 kcal
Fett: 8,85 g
Eiweiß: 12,87 g
Kohlehydrate: 40,86 g

Werndorfer Schilchermarinade für Geflügel und Schwein

1 Zwiebel, fein geschnitten
4 EL Schilchertraubenkernöl
2 EL Schilcheressig
4 EL Orangensaft
4 EL Tomatenketchup
1 EL Worcestersauce
1 Spritzer Tabasco
1 TL Oregano, gerebelt
Salz
Pfeffer

Alle Zutaten in einer Schüssel gut mit einander vermischen und über Nacht im Kühlschrank ziehen lassen. Die gewünschten Fleischstücke sollten dann jeweils eine gute Stunde darin mariniert werden.

1 Portion enthält:
Brennwert: 182 kcal
Fett: 17,59 g
Eiweiß: 0,84 g
Kohlehydrate: 3,86 g

Hühnerleber im Blauen Wildbacher

500 g Hühnerleber, in mittlere Stücke geschnitten
2 Paradeiser, geschält, gewürfelt
1 Zwiebel, geschält, geachtelt, auseinandergedrückt
2 Knoblauchzehen, fein gehackt
100 g Champignons, feinblättrig geschnitten
1 Bd. Petersilie, fein gehackt
1/8 l Blauer Wildbacher
1 TL Mehl
1/8 l Schlagrahm
Suppe
50 g Butter
Salz
Pfeffer

Zwiebeln in Butter anbräunen, dann die Champignons mitrösten, kurz danach die Paradeiswürfel dazugeben. Gemüse herausnehmen und warm stellen. Im Bratensatz die Leberstücke anrösten und durchbraten, salzen, pfeffern und zum Gemüse dazugeben. Den Bratensatz etwas stauben und mit dem Wein, etwas Suppe und dem Schlagrahm aufgießen. Bis zu einer cremigen Konsistenz reduzieren. Dann Gemüse und Leber noch einmal durchschwenken und mit Petersilie bestreut servieren.

1 Portion enthält:
Brennwert: 373 kcal
Fett: 22,15 g
Eiweiß: 30,69 g
Kohlehydrate: 11,17 g

Schilcher-Hühnerbrüstchen mit Trauben und Polentadukaten

Gewidmet vom Restaurant Kloepferkeller, Familie Michelitsch, Eibiswald

4 mittlere Maishendlbrüstchen, seitlich Taschen eingeschnitten
50 g Zwiebeln
100 g Karotten, in kurze Streifen geschnitten
Schilchertraubenkernöl
60 g Reis
1/4 l Schilcher
60 g Schafsfrischkäse
80 g Trauben, entkernt
1/8 l Hühnerfond
80 g Crème fraîche
1 MS Ingwer, gemahlen
Salz
Pfeffer
Cayennepfeffer

Polentadukaten:
200 g Polentagrieß
1/4 l Suppe
1/4 l Milch
1 MS Muskatnuss, gemahlen
1 Ei
1 EL Butter
Salz

Zwiebeln in heißem Öl kurz anbraten, dann den Reis kurz mitbraten, mit 100 ml Schilcher, und etwas Salz ca. 15 Minuten zugedeckt schwach kochen lassen. Den Reis mit dem Frischkäse, einer Prise Cayennepfeffer und dem Ingwer sowie den Trauben vermengen. Jeweils ein Viertel der Masse in die Hühnerbrüstchen einfüllen und mit Zahnstochern oder Bratennadeln zusammenheften. Im heißen Öl beidseitig anbräunen, mit Hühnerfond und dem restlichen Wein aufgießen und mit den Karotten ca. 8 Minuten bedeckt garen. Die Brüstchen herausnehmen, Zahnstocher bzw. Bratennadeln entfernen, in drei Scheiben aufschneiden und mit dem eingekochten und mit Crème fraîche verbesserten Safterl und den Karotten anrichten. Dazu passen Polentadukaten.

Für die Polentadukaten Suppe mit Milch, Butter, einer Prise Salz und Muskat aufkochen, den Polentagrieß langsam einrühren und solange kochen, bis er cremig fest wird. Mit dem verquirlten Ei rasch verrühren und abkühlen lassen. Hernach in eine geölten Klarsichtfolie gerollt kalt stellen. Bei Gebrauch dann ca. 1,5 bis 2 cm dicke Scheiben abschneiden und in Butter beidseitig kurz anbraten.

1 Portion enthält:
Brennwert: 766 kcal
Fett: 32,36 g
Eiweiß: 57,42 g
Kohlehydrate: 56,75 g

Mandelhuhn mit Schilcher

Foto Seite 74

4 kleine Hühnerbrüstchen
1/8 l Schilcher, halbtrocken
3 EL Mehl
4 EL Butter
Zitronensaft
1 Zitrone in Scheiben
60 g Mandeln, gestiftelt
3 Knoblauchzehen, zerdrückt
1 Zwiebel, fein gehackt
1 EL Petersilie, fein gehackt
Salz
Pfeffer

Die Hühnerbrüstchen im Salzwasser ca. 2 Minuten kochen. Herausheben, trocknen, salzen und pfeffern und in etwas Butter gut anbräunen. Zitronensaft dazugeben und zugedeckt langsam fast fertig braten. Herausnehmen und warm stellen. Mandeln, Knoblauch und Zwiebeln in den Bratensatz geben und rösten, bis die Mandeln angebräunt sind. Restliche Butter und den Wein einrühren, die Hühnerstücke wieder kurz in die Sauce einlegen und gut durchwärmen. Mit Petersilie und Zitronenscheiben servieren. Als Beilage sind Maroniknöderln oder Polentadukaten zu empfehlen (siehe Seite 99 bzw. 86).

1 Portion enthält:
Brennwert: 480 kcal
Fett: 30,24 g
Eiweiß: 38,27 g
Kohlehydrate: 11,68 g

Gebackene Maishendlstreifen in Sesampaniere, Vogerlsalat mit Schilcheressig und Nussöl

4 Maishendlbrüstchen
100 g gecrashte Cornflakes
100 g Mehl
2 Eier
2 EL Sesam
250 g Vogerlsalat, gewaschen, trocken geschleudert
Schilcheressig
Schilcherbalsamico
Schilchertraubenkernöl
Nussöl
Öl oder Schmalz
4 kleine Erdäpfel, gekocht, in Scheiben geschnitten
2 Knoblauchzehen, fein gehackt
Salz
Pfeffer

Maishendlbrüstchen eine Stunde in der aus Salz, Pfeffer, Schilcherbalsamico und Schilchertraubenkernöl bereiteten Marinade ziehen lassen, dann abtropfen lassen. Die Brüstchen in Streifen schneiden noch einmal mit wenig Salz und weißem Pfeffer würzen. In Mehl, Ei und der Sesam-Cornflakes-Mischung panieren und in heißem Öl oder Schmalz backen.
Vogerlsalat mit Essig und Nussöl, Salz und Pfeffer sowie Knoblauch und Erdäpfeln abmachen. Hendlbrüstchen mit dem Salat servieren.

1 Portion enthält:
Brennwert: 669 kcal
Fett: 32,79 g
Eiweiß: 43,19 g
Kohlehydrate: 46,81 g

Gänseleber mit Nussbröseln, Topfenblätterteigtascherln und Rhabarbergelee

89

Gänseleber mit Nussbröseln, Topfenblätterteig-tascherln und Rhabarbergelee

Foto Seite 88

400 g Gänseleber, gesäubert, in Stücke geschnitten
Öl
Butter
Koriander, gemahlen
3 EL Haselnüsse, gerieben
3 EL Brösel

Rhabarbergelee:
200 g Rhabarber, in kleine Stücke geschnitten
100 ml Schilcher, halbtrocken
120 g Zucker
2 EL Erdbeerpüree
3 Blatt Gelatine
Schale und Saft von 1 Orange
Chili, gemahlen
Zimt, gemahlen
Kardamom, gemahlen

Topfenblätterteig:
250 g Topfen
200 g Butter weich
250 g Mehl glatt
Zucker
Salz

Fülle:
2 Äpfel, säuerlich, in dünne Scheiben geschnitten
Butter
Zimt
Zitronensaft
50 g Bitterschokolade, gehackt
1 Dotter
Öl
Evtl. Trüffel nach Belieben gehobelt

Rhabarber mit dem Saft einer Orange, Zesten, je eine Prise Chili, Zimt und Kardamom ca. 10 bis 12 Minuten weich köcheln. Die im kalten Wasser eingeweichte, ausgedrückte Gelatine dazugeben und gut verrühren. In eine Form oder auf ein mit Frischhaltefolie belegtes Blech gießen und erkalten lassen. Kleinwürfelig schneiden.

Für den Teig alle Zutaten gut vermengen, 1 Stunde rasten lassen, dann auf ca. einen halben Zentimeter Dicke ausrollen.
Für die Fülle Äpfel in etwas Butter mit Zimt kurz anschwitzen und mit etwas Zitronensaft ablöschen. Bitterschokolade beigeben. Man kann nun kleine Strudelchen füllen oder in Tascherlform die Fülle in den Teig bringen. Mit einer Dotter-Öl-Mischung bepinseln. Im Backrohr goldbraun backen.

Leber mit Salz, Pfeffer und Koriander würzen in Eiklar tauchen, danach auf einer Seite in Nussbröseln wälzen, kurz ins Tiefkühlfachen geben und leicht anfrieren lassen. Dann kurz in einer Öl-Butter-Mischung braten. Mit dem Gelee und den Topfenblätterteigtascherln servieren.

1 Portion enthält:
Brennwert: 2005 kcal
Fett: 136,48 g
Eiweiß: 55,14 g
Kohlehydrate: 131,79 g

Hauptgerichte und Beilagen

Schweinsfilet in Schilcher-Zwetschken-Sauce

Gewidmet vom Gasthof „Zur Schönen Aussicht", Familie Strohmaier, Wies

800 g Schweinsfilet
400 ml Schilcher

200 ml Rindsuppe
250 g Dörrzwetschken
Schweineschmalz und Butter
50 g Butter
Mehl
½ Bd. Petersilie, fein gehackt
Salz
Pfeffer

Die Dörrzwetschken einen Tag in Schilcher einlegen. Die Filetstücke salzen und pfeffern, kurz in Mehl wenden und in der heißen Schmalz-Buttermischung kurz anbraten. Anschließend warm stellen. Den Bratensatz mit dem Schilcher ablöschen, mit der Suppe aufgießen und auf die Hälfte einkochen lassen. Die halben Zwetschken klein schneiden, allesamt dann in die Sauce geben und mit etwas Butter montieren. Das Fleisch in Scheiben schneiden und mit der Sauce anrichten. Mit Petersilie bestreuen. Als Beilage schmecken Polentadukaten (siehe Seite 86) herrlich dazu.

1 Portion enthält:
Brennwert: 451 kcal
Fett: 15,64 g
Eiweiß: 45,60 g
Kohlehydrate: 29,90 g

Schweinsfilet mit Rosinenkümmelkruste und Schilcherzwiebeln

800 g Schweinsfilet, in 12 Stücke geschnitten
1 EL Schilchertraubenkernöl
1 Ei, 40 g Butter oder Margarine
1 EL Petersilie, fein gehackt
40 g Semmelbrösel
2 EL Rosinen
1 TL Kümmel, grob gemahlen
1 MS Muskat, Salz, Pfeffer

Schilcherzwiebeln:
4 kleine rote Zwiebeln, in Ringe geschnitten
2 EL Öl, 1 EL Zucker
¼ l Schilcher, ¼ l Suppe
1 MS Koriander, gemahlen
1 MS Zimt, gemahlen
1 Lorbeerblatt, 1 Thymianzweig
Salz

1 Portion enthält:
Brennwert: 456 kcal
Fett: 18,48 g
Eiweiß: 47,77 g
Kohlehydrate: 22,72 g

Schweinsfiletstücke salzen und pfeffern, beidseitig im heißen Öl scharf anbraten und zugedeckt warm stellen. Butter oder Margarine mit dem Ei schaumig rühren, Petersilie, Muskat, Salz und Pfeffer einrühren. Die Masse gleichmäßig auf die Filetstücke verteilen und mit Kümmel und Rosinen bestreuen. Im vorgeheizten Backrohr bei ca. 250 °C ungefähr 7 Minuten überbacken.
Inzwischen die Schilcherzwiebeln bereiten. Zucker im heißen Öl hell karamellisieren und mit Schilcher und Suppe ablöschen. Zwiebeln und Gewürze dazugeben und ca. 10 Minuten köcheln lassen. Die Zwiebeln sollten ragoutartige Konsistenz haben.
Filets mit den Schilcherzwiebeln und mit Kräutern garniert anrichten.

Hauptgerichte und Beilagen

Schilcher Krautfleisch

500 g Schweinsschulter, würfelig geschnitten
500 g Sauerkraut
3 Zwiebeln, in dünne Halbringe geschnitten
1 Knoblauchzehe, fein gehackt
¼ l Schilcher
⅛ l Wasser
1 TL Paprika, edelsüß
1 TL Mehl
80 ml Sauerrahm
300 g Erdäpfel, geschält, in Salzwasser gekocht
Kümmel
Salz
Pfeffer

Die Zwiebeln goldgelb anrösten, Fleisch dazugeben, kurz mitrösten, dann das Paprikapulver einstreuen und mit Wasser und Schilcher aufgießen. Salzen, pfeffern sowie Kümmel und Knoblauch dazugeben. Das Ganze dünsten, bis das Fleisch halb weich ist. Nun das Sauerkraut unterziehen und noch weitere 20 Minuten garen. Abschließend den Sauerrahm, versprudelt mit dem Mehl, einrühren. Mit Salzerdäpfeln servieren.

1 Portion enthält:
Brennwert: 411 kcal
Fett: 24,90 g
Eiweiß: 27,11 g
Kohlehydrate: 18,43 g

Mariniertes Schweinsragout

750 g Schweinefleisch, Schulter, würfelig geschnitten
1 Karotte, geschält, geviertelt
1 Zwiebel, geschält, geviertelt
2 Zwiebeln, gewürfelt
50 g Räucherspeck, gewürfelt
½ l Schilcher
⅛ l Rindsuppe
Schalen einer unbehandelten Zitrone
Schilchertraubenkernöl
Butter
Lorbeerblätter
Gewürznelken
1 TL Kümmel
1 TL weißer Pfeffer
Salz
Pfeffer

Das Fleisch in einer Schüssel mit den geviertelten Zwiebeln, Karotten, Lorbeer, Gewürznelken, Zitronenschalen, Kümmel, Pfefferkörnern und dem Wein einen Tag lang marinieren und kühl stellen. Zwiebeln und Speck im heißen Öl anbraten, dann das gut abgetropfte Fleisch dazugeben, würzen und braten. Mit etwas Butter montieren. Rindsuppe und die durchgeseihte Marinade unterrühren und das Ganze eine gute Stunde fertig schmoren lassen. Als Beilage empfiehlt sich Käferbohnen- oder Erdäpfelpüree.

1 Portion enthält:
Brennwert: 640 kcal
Fett: 51,20 g
Eiweiß: 36,95 g
Kohlehydrate: 6,15 g

Schilcherbratl mit Stöcklkraut

Gewidmet vom Weinbau/Buschenschank Glirsch, Familie Krottmayer, Eibiswald

1 kg Schopfbraten
1/2 Schweinsnetz
100 g durchzogener Speck
100 g Speck, gewürfelt
Ingwer, gemahlen
1/4 l Schilcher
1/8 l Wasser
40 g Butter-Mehl Mischung
Salz
Pfeffer

Stöckelkraut:
1 Krautkopf
Schilcheressig
Kümmel
Salz

Schweinsschopf mit Salz, Pfeffer und einer Prise Ingwer würzen und mit den Speckscheiben bedeckt mit dem Schweinsnetz umwickeln. Das Ganze in einer Rein bei ca. 160 °C im Backrohr braten. Öfters mit Schilcher und Wasser aufgießen. Den Bratensaft mit der Mehl-Butter binden.
Für das Stöcklkraut den geviertelten Krautkopf im Salzwasser mit Kümmel bissfest kochen. In einer gesonderten Schüssel mit verdünntem Essig würzen und mit gerösteten Speckwürfeln übergießen. Das Kraut zum Fleisch in die Rein geben und noch kurze Zeit mitbraten.
Erdäpfelknödel als Beilage sind durchaus statthaft.

1 Portion enthält:
Brennwert: 1316 kcal
Fett: 110,98 g
Eiweiß: 45,43 g
Kohlehydrate: 30,11 g

Peiserhof Schilcherschnitzerln

Gewidmet vom Peiserhof, Familie Strohmeier, Eibiswald

4 Schweinsschnitzerln vom Karree
100 g Selchfleisch, faschiert
100 g Topfen
1 Dotter
1 Zwiebel
1 EL Petersilie, fein gehackt
1 EL Schnittlauch, fein gehackt
2 Knoblauchzehen, fein gehackt
1/8 l Schilcher
4 EL Schlagrahm
1 TL Liebstöckel, fein gehackt
Salz
Pfeffer

Die Schnitzel so einschneiden, dass man sie aufklappen kann und die doppelte Größe erhält. Dünn klopfen, salzen und leicht pfeffern. Den Topfen mit dem Selchfleisch und den übrigen Zutaten zu einer Fülle vermengen. Die Schnitzel damit füllen, zusammenklappen, Ränder festklopfen, mit Zahnstocher feststecken.
Eine Seite leicht in Mehl tauchen, in wenig Fett beidseitig anbraten und herausnehmen, Bratenrückstand mit etwas Schilcher löschen, mit Rahm und Liebstöckel vollenden. Die Schnitzel darin kurz fertigdünsten. Mit Kürbisspätzle als Beilage servieren.

1 Portion enthält:
Brennwert: 286 kcal
Fett: 8,98 g
Eiweiß: 45,80 g
Kohlehydrate: 4,50 g

Schilcherbraten mit Semmel-Fruchtfülle

Gewidmet vom Weinbau Christian Jauk, Pölfing-Brunn

750 g Schweinskarree, zu einem großen Fleck aufgeschnitten
100 g Wurzelgemüse, fein geschnitten
1 Zwiebel, fein gehackt
1/2 l Schilcher
1 kleine Birne, gewürfelt
1 kleiner Apfel, gewürfelt
50 g Dörrzwetschken, gewürfelt
200 g Semmelwürfel
1 Ei mit 1/4 l Milch, verquirlt
50 g Butterflocken, kalt
Thymian
Lorbeerblatt
Salz
Pfeffer

Birnen, Äpfel und Zwetschken mit den Semmelwürfeln vermengen und mit Milch und Ei unter die Semmelmasse mischen. Würzen und eine halbe Stunde ziehen lassen.

Das Fleisch klopfen, würzen und die Masse darauf verteilen. Dann fest zusammenrollen und mit einem Brat-Spagat festbinden. Rundherum noch einmal würzen und im heißen Öl anbraten. Zwiebeln und Wurzelwerk zum Fleisch geben, mit Schilcher aufgießen und im Backrohr bei 180 °C ca. 50 Minuten braten. Bratenrückstand abseihen und mit kalten Butterstückchen binden. Mit Beilagen nach Belieben servieren.

1 Portion enthält:
Brennwert: 633 kcal
Fett: 24,40 g
Eiweiß: 48,51 g
Kohlehydrate: 52,04 g

Schweinsfilet mit Zwiebelkruste im Schilchersaftl und Sterzlasagne mit Isabella Weintraubenblättern

97

Schweinsfilet mit Zwiebelkruste im Schilchersaftl und Sterzlasagne mit Isabella Weintraubenblättern

Foto Seite 96
Gewidmet von Hasewend's Kirchenwirt, Eibiswald

Filets:
700 g Schweinsfilet
1 Zwiebel, fein gehackt
1 EL Senf, am besten von Felix Weinstock
Mehl
¼ l Schilcher
⅛ l Suppe
2 EL Gewürzkräutermischung, frisch, fein gehackt
Salz
Pfeffer

Sterz:
250 g Maisgrieß
½ l Wasser
Salz

Béchamel:
½ l Milch
50 g Butter
50 g Mehl
Muskatnuss
Zitronensaft
Salz

Weinblätter

Zarte Isabella Weintraubenblätter blanchieren und in verdünntem Schilcheressig über Nacht einlegen.

Für den Sterz Maisgrieß langsam in kochendes Wasser mit etwas Salz einrühren. Ständig rührend kochen, bis sich die Masse vom Topf löst.

Für die Béchamelsauce das Mehl in heißer Butter hell anschwitzen, mit Milch langsam aufkochen und würzen. Mit der Sterzmasse vermengen.

Auflaufform einbuttern und beginnend mit den Weintraubenblättern und der Sterz-Béchamel-Masse schichtweise einfüllen. Ca. 1 Stunde bei 180 °C im Backrohr backen, die letzten 5 Minuten mit mildem, geriebenem Käse überbacken. In Portionsstücke aufschneiden.

Filets in Medaillons schneiden und würzen. Zwiebel mit Senf, Kräutermischung und etwas Mehl mischen, auf die Medaillons geben. Medaillons mit dieser Zwiebelkrusterlmasse in Mehl tauchen und mit dieser Seite im heißen Öl anbraten, nach 2 Minuten wenden. Nach weiteren 2 Minuten aus der Pfanne heben und warm stellen. Den Bratensatz mit Mehl stauben, mit Schilcher ablöschen und mit Suppe aufgießen.

Beim Anrichten das Safterl zu den Filets gießen und Lasagnestücke dazugeben. Heiß servieren und dazu einen gut gekühlten Schilcher, weiß gepresst, reichen.

1 Portion enthält:
Brennwert: 653 kcal
Fett: 19,66 g
Eiweiß: 50,61 g
Kohlenhydrate: 64,99 g

Hauptgerichte und Beilagen

Lammkoteletts mit Traubenrahm und Maroniknöderln

8 Lammkoteletts
Thymian, Rosmarin, Majoran
Schilchertraubenkernöl
½ **TL Koriander, gemahlen**
200 ml Schilcher, halbtrocken
160 g Trauben, entkernt
125 g Crème fraîche
Salz
Pfeffer

Maroniknöderln:
400 g Kastanien (Maroni), geschält, gekocht
30 g Butter
100 g (Dinkel)Mehl
3 Dotter
1 Ei, versprudelt
Salz
Brösel

1 Portion enthält:
Brennwert: 1027 kcal
Fett: 84,72 g
Eiweiß: 38,00 g
Kohlehydrate: 25,09 g

Lammkoteletts in etwas Schilchertraubenkernöl mit Salz, Pfeffer, Thymian, Rosmarin und Majoran marinieren. Dann im heißen Öl beidseitig scharf anbraten. Herausnehmen und zugedeckt warm stellen. Den Bratensatz mit dem Wein aufgießen, etwas Salz und Pfeffer sowie die Weintrauben dazugeben und nach 2 Minuten mit der Crème fraîche verrühren. Koriander einrühren und nochmals einige Minuten kochen lassen, bis die Sauce auf die Hälfte reduziert ist.
Koteletts mit der Sauce servieren. Dazu Maroniknöderln reichen. Für die Maroniknöderln Maroni pürieren und mit dem Mehl, 2 EL Brösel, der Butter und den Dottern und einer Prise Salz vermengen. Die Masse zu Knöderln formen, durch das versprudelte Ei ziehen und in Bröseln wenden. Dann in heißem Öl schwimmend herausbacken. Abtropfen lassen und servieren.

Schilcherlammbraten

1 Lammschlögl, ausgelöst, pariert, Knochen klein gehackt
200 g Wurzelwerk, würfelig geschnitten
1 Zwiebel, würfelig geschnitten
⅛ l Schilcher
⅛ l Suppe
3 Knoblauchzehen, fein gehackt
Semmelbrösel
Schilchertraubenkernöl
1 EL Petersilie, fein gehackt
1 EL Parmesan, gerieben
1 EL Zitronenmelisse, grob gehackt
1 EL Basilikum
Tomatenmark
Butter
Pfefferkörner
Piment
Lorbeerblätter
Salz, Pfeffer

1 Portion enthält:
Brennwert: 667 kcal
Fett: 52,36 g
Eiweiß: 38,81 g
Kohlehydrate: 7,97 g

Den Lammschlögel mit Salz, Pfeffer, Knoblauch und Basilikum einreiben und kühl stellen. Die Knochen in heißem Öl anrösten, dann Wurzelwerk und Zwiebeln kurz mitrösten. Fleisch darauf legen und mit Zitronenmelisse bestreuen. Zugedeckt im Backrohr bei ca. 150 °C ungefähr 1 ½ Stunden braten. Zwischendurch mit Suppe begießen und nach der halben Zeit das Fleisch wenden. Das Fleisch herausnehmen und warm stellen. Dann Brösel, Petersilie, Parmesan mit etwas Schilchertraubenkernöl vermischen, mit ein paar Butterflocken auf das Fleisch streichen und mit Oberhitze im Backrohr bräunen. Inzwischen den Bratensatz abseihen und in einer frischen Pfanne mit Butter montieren, etwas Tomatenmark einrühren, mit dem Wein und der restlichen Suppe aufgießen. Zu einer sämigen Sauce reduzieren. Das Fleisch mit der Sauce anrichten, als Beilage Wurzelgemüse und kleine Braterdäpfeln reichen.

Lammfilet mit Marillen und Schilcher-Honig-Sauce

4 Lammfiletstücke, je ca.120 g
100 g Marillen, getrocknet
200 ml Blauer Wildbacher Schilchertraubenkernöl
2 Knoblauchzehen, fein gehackt
1 kleine Zwiebel, fein gehackt
¼ l Lammfond
4 EL Honig
Koriander, gemahlen
Ingwer
Wildreis
Datteln, entkernt, klein geschnitten
Salz
Cayennepfeffer

Lammfilets salzen, pfeffern und mit Traubenkernöl marinieren. Marillen im Lammfond einweichen. Für die Sauce Zwiebeln und Knoblauch im Schilchertraubenkernöl anschwitzen, mit dem Wein ablöschen, Marillen dazugeben und köcheln lassen. Wenn die Sauce genügend eingekocht ist, mit Koriander und Ingwer würzen und mit dem Honig abschmecken.
Die Lammfilets im heißen Öl rosa braten und mit der Schilcher-Honig-Sauce servieren.
Dazu passt ganz gut ein Wildreis mit Dattelstücken und Salate der Saison.

1 Portion enthält:
Brennwert: 691 kcal
Fett: 33,25 g
Eiweiß: 24,38 g
Kohlehydrate: 70,92 g

Lammkotelett gegrillt mit süß-saurem Schilcher-Zwiebelgemüse

8–12 Lammkoteletts

Schilcher-Grillmarinade:
1/8 l Schilcher
1/8 l Öl
3 Knoblauchzehen, zerdrückt
1 TL scharfer Senf
1 TL Kräutersalz
3 EL gemischte Kräuter (Thymian, Majoran, Rosmarin, Basilikum, Zitronenmelisse etc.)
1 TL Zitronenschale, gerieben
1 MS Curry
Pfeffer

Schilcher-Zwiebelgemüse:
800 g kleine rote Zwiebeln, geschält, geviertelt
3 EL Schilchertraubenkernöl
1 TL Honig
1/8 l Schilcher
1/8 l Gemüse- oder Rindsuppe
2 EL Schilcherbalsamico
Kräutersalz
Pfeffer

Für die Grillmarinade alle Zutaten gut verrühren. Die Koteletts damit marinieren und über Nacht ziehen lassen. Abtropfen lassen und auf den Grill legen. Wenn auf der Oberfläche Saft austritt, wenden und noch einige Minuten fertiggrillen.

Für das Schilchergemüse Honig im heißen Öl schmelzen und die Zwiebeln darin glasig dünsten. Mit Schilcher und Suppe ablöschen und ca. 10 Minuten einreduzieren lassen. Mit Kräutersalz und Pfeffer abschmecken.

Lammkoteletts mit dem süß-saurem Zwiebelgemüse anrichten und genießen.

(Das Gemüse kann natürlich auch für andere Fleischgerichte verwendet werden.)

1 Portion enthält:
Brennwert: 1048 kcal
Fett: 95,20 g
Eiweiß: 32,53 g
Kohlenhydrate: 12,24 g

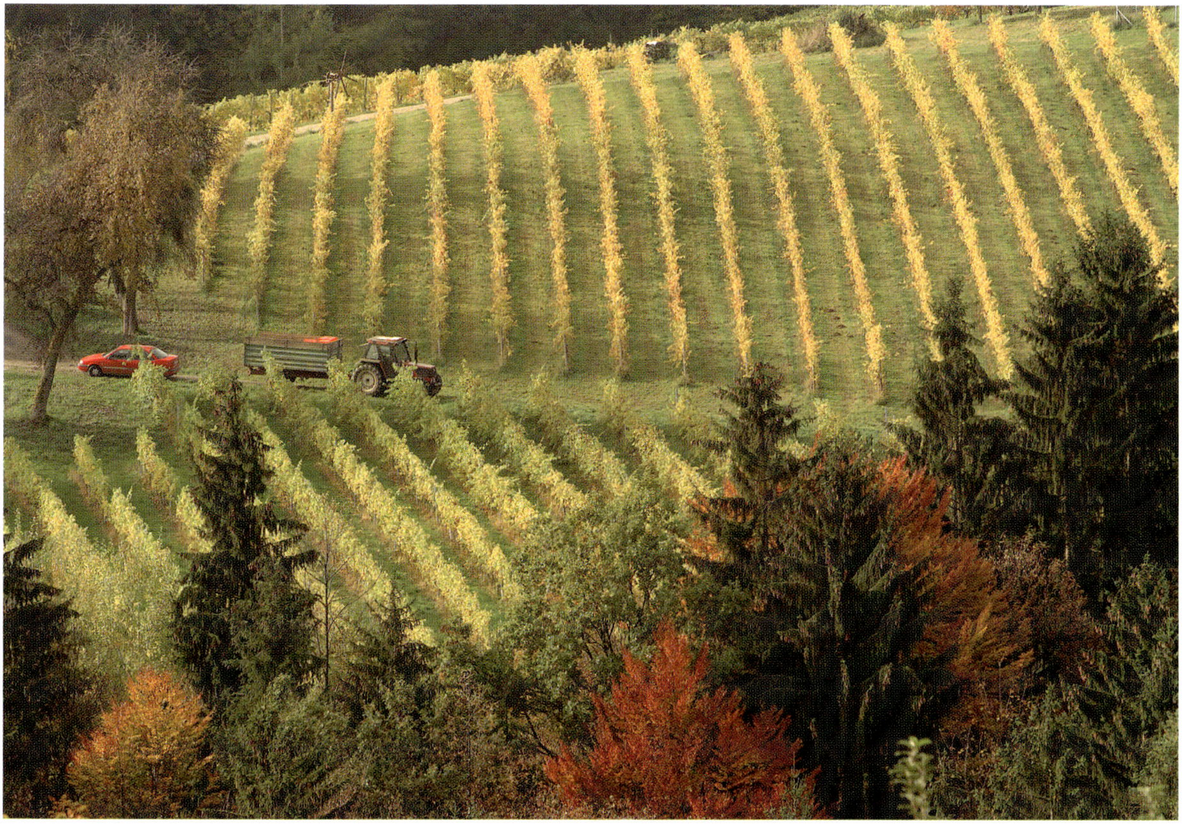
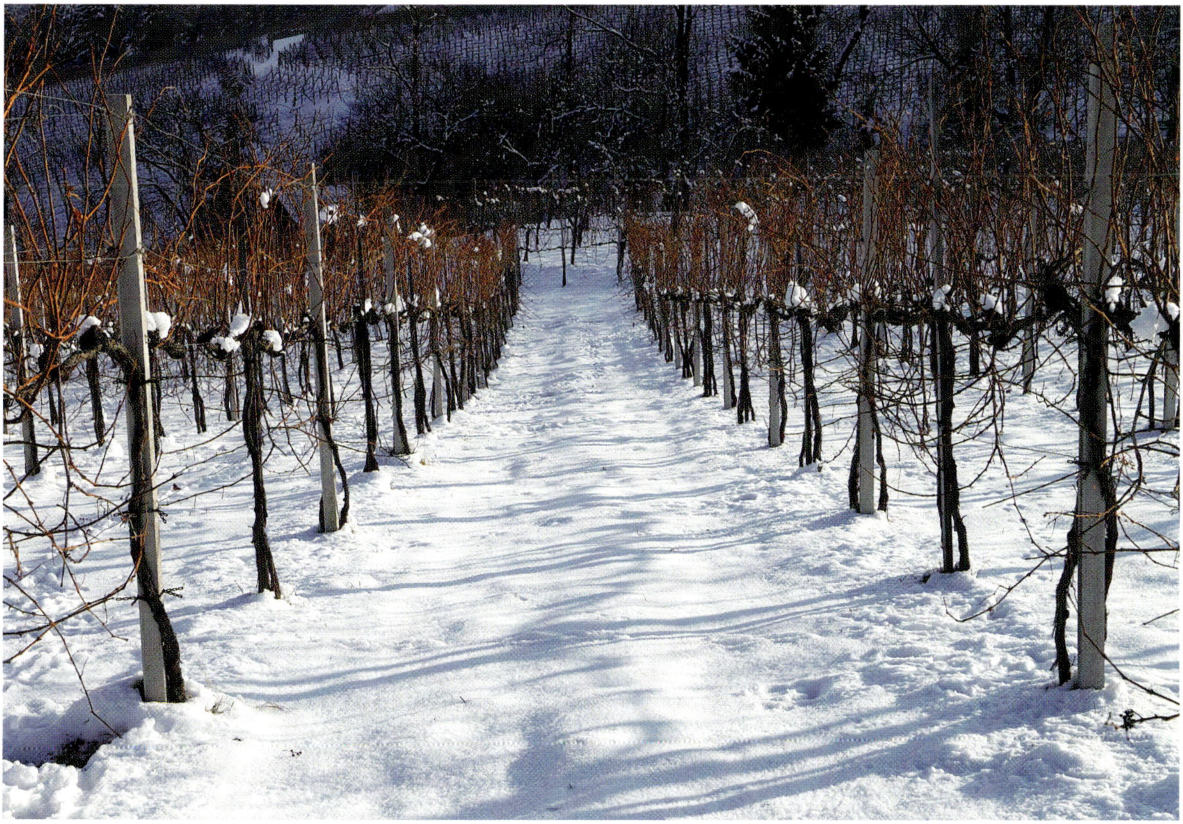

Lammnüsschen in Schilchersauce mit grünem Spargel und Sterzdukaten

600 g Lammnüsschen
3/8 l Schilcher
Sterzdukaten (Rezept siehe Seite 86)
1 Bd. Grüner Spargel
Butter
Thymian
Rosmarin
Salz
Pfeffer

Lammnüsschen mit Gewürzen, Salz und Pfeffer einreiben, in heißem Öl anbraten und im Bräter in das auf 150 °C vorgeheizte Backrohr geben. Ungefähr 30 Minuten bei mehrmaligem Aufgießen mit Schilcher rosig braten lassen und warm stellen. Den Spargel in gesalzenem Wasser mit 1/8 l Schilcher garen. Den Bratensatz mit dem restlichen Schilcher aufgießen, abschmecken, einreduzieren und schließlich mit Butter montieren. Nüsschen in Scheiben schneiden und mit der Sauce, dem Spargel mit brauner Butter und den Sterzdukaten anrichten.
Schilcher als Begleitung dazureichen.

1 Portion enthält:
Brennwert: 657 kcal
Fett: 34,17 g
Eiweiß: 35,49 g
Kohlehydrate: 49,00 g

Kalbsleber nach Schilcher Art

Foto Seite 106
Gewidmet von Hasewend's Kirchenwirt, Eibiswald

600 g Kalbsleber, in 4 Scheiben geschnitten
2 Äpfel
3 EL Zucker
¼ l Schilcher
Saft einer halben Zitrone
Butter
Mehl
Salz
Pfeffer

Sauce:
200 ml Kalbsfond
50 ml Schilcherlikör
1 Zweig Thymian
1 Zweig Rosmarin
40 g kalte Butter

Erdäpfelblinis:
350 g mehlige Erdäpfel
40 g Crème fraîche
40 g Schlagrahm
3 Dotter
30 g Mehl
2 EL Butter
20 g Mais- oder Erdäpfelstärkemehl
1 MS Muskatnuss
Salz

Die Äpfel schälen, jeweils das Kerngehäuse entfernen und in Scheiben schneiden. Den Zucker in einer Pfanne hell karamellisieren und mit Zitronensaft und Schilcher ablöschen. Darin die Apfelscheiben bei schwacher Hitze bissfest dünsten. Äpfel herausnehmen und die verbliebene Flüssigkeit dickflüssig einkochen.

Die Leber mit Pfeffer und Thymian würzen, bemehlen und in Butter ca. 3 Minuten anbraten, sodass sie innen noch leicht rosa bleibt. Erst jetzt leicht salzen.

Für die Sauce Schilcherlikör, Rosmarin und Thymian im Kalbsfond stark einkochen und mit der kalten Butter montieren. In eine Pfanne durchseihen und darin Leber und Äpfel kurz ziehen lassen.

Die gekochten Erdäpfel geschält und ausgedampft durch die Erdäpfelpresse drücken, mit Schlagrahm, Dotter, Mehl, Crème fraîche und der Stärke, gewürzt mit Salz und Muskat, zu einem Teig verrühren. In kleinen Fladen in heißem Öl beidseitig goldbraun backen.

Die Leber mit Äpfeln, Blinis und Sauce anrichten.

1 Portion enthält:
Brennwert: 683 kcal
Fett: 29,47 g
Eiweiß: 35,11 g
Kohlenhydrate: 66,08 g

Kalbsleber nach Schilcher Art

107

Kalbsrouladen in Schilchersauce

Gewidmet vom Weingut Stefan Pauritsch, Wernersdorf-Kogl

**4 Kalbsschnitzeln
2 Essiggurkerln, in Streifen geschnitten
2 Karotten, in Streifen geschnitten, blanchiert
2 Eier, hart gekocht, geviertelt
4 Hamburgerspeckstreifen
1 Zwiebel, in Ringe geschnitten
1/8 l Schilcher, halbtrocken
2 TL Tomatenmark
Butter
Salz
Pfeffer**

Schnitzeln klopfen und an den Rändern einschneiden. Salzen, pfeffern und gleichmäßig verteilt mit den Eiern und Gurkerln, Speckstreifen und den halben Karotten belegen. Zusammenrollen und mit Bratenspießchen oder Zahnstochern festmachen. In heißer Butter von allen Seiten anbraten und die restlichen Karotten und die Zwiebelringe dazulegen. Zwei Drittel des Weines dazugeben und das Tomatenmark einrühren. Zugedeckt weich dünsten lassen. Rouladen herausnehmen und warm stellen. Die Sauce passieren und mit dem restlichen Wein noch einmal kurz aufkochen. Die Rouladen appetitlich in drei Stücke aufgeschnitten in der Sauce servieren.

1 Portion enthält:
Brennwert: 464 kcal
Fett: 30,30 g
Eiweiß: 36,47 g
Kohlehydrate: 9,46 g

Ossobucco geschilchert

**ca. 1 kg Kalbsstelze, in 4 Scheiben geschnitten, gesalzen, gepfeffert, eine Seite bemehlt
1/4 kg Paradeiser, geschält, püriert
250 g Wurzelwerk, klein geschnitten
2 Zwiebeln, fein geschnitten
1/4 l Schilcher, halbtrocken
3/8 l Rindsuppe
Thymian
Rosmarin
Lorbeerblätter
3 Knoblauchzehen, fein gehackt
Mehl, Öl
300 g Erdäpfel, gekocht, mit Rosmarin gebraten
Salz**

Das Fleisch in heißem Öl – mit der bemehlten Seite zuerst – beidseitig kurz anbraten. Im Bratensatz Zwiebeln goldbraun rösten, Wurzelwerk dazugeben und durchrösten. Mit dem Wein ablöschen. Das Paradeispüree einrühren und kurz einkochen. Mit der Suppe gut verrühren, würzen und das Fleisch wieder hineingeben. Im zugedeckten Topf gute zwei Stunden bei schwacher Hitze schmoren lassen. Nochmals abschmecken und mit Rosmarin-Braterdäpfeln servieren.

1 Portion enthält:
Brennwert: 419 kcal
Fett: 13,64 g
Eiweiß: 54,30 g
Kohlehydrate: 18,12 g

Saltimbocca geschilchert mit Kräuterrisotto

4 Kalbsschnitzel, je ca. 100 g
60 g Rohschinken, fein aufgeschnitten
¹⁄₁₆ l Schilcher, halbtrocken
¹⁄₁₆ l Rindsuppe
Mehl
4 Salbeiblätter
Öl
Butter
Salz, Pfeffer

Kräuterrisotto:
300 g Risottoreis
¼ l Schilcher
⁵⁄₄ l Suppe
100 g Butter
80 g Zwiebeln, fein gehackt
4 EL Kräuter, nach Saison, fein gehackt
4 EL Käse, gerieben
Salz, Pfeffer

1 Portion enthält:
Brennwert: 922 kcal
Fett: 44,39 g
Eiweiß: 63,07 g
Kohlehydrate: 62,45 g

Für das Risotto die Zwiebeln in der Hälfte der Butter anschwitzen, Reis dazugeben und bei schwacher Hitze glasig dünsten. Mit Wein aufgießen und ganz einreduzieren. Die Suppe unter ständigem Rühren nach und nach so eingießen, dass der Reis immer bedeckt ist. Das Risotto soll eine cremige Konsistenz, die Reiskörner aber noch Biss haben. Salzen, pfeffern, die Kräuter und den Käse einrühren.

Die Schnitzel würzen, einseitig bemehlen und im heißen Öl zuerst auf der bemehlten, dann auf der anderen Seite kurz anbraten. Herausnehmen, mit einer Schinkenscheibe und einem Salbeiblatt belegen und mit einem Zahnstocher feststecken. Warm stellen, Bratensatz mit Wein ablöschen und einreduzieren, mit Suppe aufgießen und die Schnitzel wiederum hineingeben. Noch ca. 10 Minuten fertigdünsten. Saft mit Butter montieren, und das Fleisch mit Saft und Risotto anrichten.

Schilcherkutteln

800 g Kutteln, gewaschen, küchenfertig
2 Bd. Suppengrün
1/8 l Schilcher
Schilchertraubenkernöl
Schilcheressig
30 g Butter
Senf
2 EL Petersilie, fein gehackt
1 Thymianzweig
2 Lorbeerblätter
Pfefferkörner
Salz
Pfeffer

In einem großen Topf die Kutteln mit Wasser, Salz, Suppengrün, Pfefferkörnern, Lorbeerblättern und Thymian weich kochen. Herausnehmen und nudelig schneiden. Im Schilchertraubenkernöl die Petersilie anschwitzen, mit etwas Kochsud aufgießen, Essig, Wein und die Kutteln dazugeben, würzen und noch eine gute Viertelstunde fertigdünsten.
Mit Servietten- oder Semmelknödeln ergibt das ein köstlich einfaches Gericht.

1 Portion enthält:
Brennwert: 143 kcal
Fett: 15,30 g
Eiweiß: 0,46 g
Kohlehydrate: 0,62 g

Eibiswalder Schilcherrostbraten

Gewidmet von Hasewend's Kirchenwirt, Eibiswald

600 g Rostbraten
1/8 l Blauer Wildbacher
1/8 l Schilchertraubensaft
2 EL Mehl
1/4 l Kalbsjus
4 Karotten, in kleine Streifen geschnitten
2 kleine Zwiebeln, in Ringe geschnitten, geröstet
1 Thymianzweig
1 Prise Zimt
1 Prise Piment
Senf
Salz
Pfeffer

Das Fleisch mit Salz, Pfeffer und ein wenig Senf würzen. Auf einer Seite leicht bemehlen und auf dieser Seite im heißen Öl scharf anbraten. Herausnehmen und zugedeckt warm stellen. Den Bratensatz mit Wein und Traubensaft ablöschen und auf ca. ein Drittel reduzieren. Dann Kalbsjus sowie Zimt, Piment und Thymian dazugeben. Karotten darin bissfest kochen, dann das Fleisch wieder einlegen und fertig garen. Beim Anrichten Zwiebelringe auf den Rostbraten geben und die Sauce angießen. Als Beilage kann man Polenta servieren.

1 Portion enthält:
Brennwert: 345 kcal
Fett: 12,59 g
Eiweiß: 33,98 g
Kohlehydrate: 22,73 g

Rindsschnitzel in Wurzelsauce vom Blauen Wildbacher

Gewidmet vom Weingut Ing. Josef Müller, vlg. Kraßhoisl, Wies-Kraß

4 Rindsschnitzeln
70 g Butter
180 g Zwiebeln, fein gehackt
1 EL Zucker
3 Knoblauchzehen, fein gehackt
3 Karotten, klein geschnitten
1 Petersilwurzel, klein geschnitten
½ Krenwurzel, gerieben
⅛ l Blauer Wildbacher
5 EL Sauerrahm
20 g Mahl
Majoran
Thymian
Schilcheressig
Salz
Pfeffer

Fleisch mit den Gewürzen einreiben. Zwiebeln in heißer Butter mit dem Zucker goldgelb karamellisieren, mit einem Schuss Schilcheressig ablöschen. Das Fleisch von allen Seiten anbraten und im eigenen Saft halbfertig dünsten. Die Hälfte des Wurzelgemüses in heißer Butter anschwitzen, Knoblauch dazugeben, mit dem Wein aufgießen und kurz dünsten lassen. Dann das Wurzelwerk zum Fleisch geben und fertig dünsten. Fleisch herausnehmen und warm stellen. Die Sauce mit dem Sauerrahm, mit etwas Mehl verquirlt, binden, das restliche Wurzelgemüse dazugeben. Kurz köcheln. Das Fleisch mit der Sauce anrichten.

1 Portion enthält:
Brennwert: 437 kcal
Fett: 25,12 g
Eiweiß: 33,99 g
Kohlehydrate: 17,09 g

Einfacher Schilcherbraten

Gewidmet vom Weingut Thomas und Margaretha Strohmaier, Pölfing-Brunn

¾ kg Beiried bzw. Rindsbraten
300 g Wurzelwerk, klein geschnitten
1 Zwiebel, fein geschnitten
50 g Speck, gewürfelt
⅛ l Schilcher
⅜ l Suppe
2 EL Schlagrahm
1 Lorbeerblatt
1 Apfel, in Spalten geschnitten
Salz
Pfeffer

Das Beiried mit Salz und Pfeffer einreiben. Zwiebeln in heißem Öl anbraten, dann das Fleisch dazu und anbraten. Jetzt das Wurzelwerk, die Apfelspalten und den Speck dazugeben. Mit der Suppe aufgießen und eine gute Stunde dünsten lassen. Fleisch herausnehmen und warm stellen. Dann das Gemüse passieren und wieder zum Fleisch geben. Mit Schilcher aufgießen und noch einmal kurz köcheln lassen. Mit Schlagrahm verfeinern und nochmals abschmecken.

1 Portion enthält:
Brennwert: 464 kcal
Fett: 24,79 g
Eiweiß: 40,61 g
Kohlehydrate: 18,19 g

Schilcher-Kräuterrahm-Schnitzel

Gewidmet vom Restaurant Kloepferkeller, Fam. Michelitsch, Eibiswald

4 Scheiben Rostbraten oder Schweinsschnitzel
100 g Schalotten, fein geschnitten
80 g Essiggurkerln, würfelig geschnitten
10 Kapern, gehackt
2 EL gehackte Kräuter (Petersilie, Schnittlauch, Kerbel, Estragon, Majoran, Thymian)
1/2 Lorbeerblatt
1/8 l Schilcher
1/8 l Crème fraîche
1/16 l Schlagrahm
1/16 l Bratensaft
3 EL Öl
Salz
Pfeffer

1 Portion enthält:
Brennwert: 617 kcal
Fett: 46,11 g
Eiweiß: 43,86 g
Kohlehydrate: 4,90 g

Schnitzel an den Rändern etwas einschneiden, leicht klopfen. Salzen, pfeffern und im heißen Öl beidseitig anbraten, danach warm stellen. Bratensatz mit Schilcher ablöschen und ein paar Minuten einkochen lassen. In einer Pfanne die Schalotten, Gurkerln und Kapern gut durchrösten und mit der Crème fraîche zur Sauce geben. Etwas stauben und zum Schluss mit den Kräutern und dem Schlagrahm verfeinern.
Die Sauce vor dem Anrichten mit dem Stabmixer aufmixen. Das Fleisch auf vorgewärmten Tellern anrichten, mit der Sauce übergießen. Dazu passen am besten Spätzle, die die Sauce sehr gut aufnehmen.

Variante: Schnitzel mit einer Topfenfülle mit klein gewürfeltem Selchfleisch und Kräutern (Petersilie, Schnittlauch, Liebstöckel) vermischt zubereiten.

Hauptgerichte und Beilagen

Im Bergwiesenheu gebratenes Rindsfilet mit Gemüse, Schilcherzwiebelsauce und Erdäpfelküsschen

Foto Seite 114

600 g Rindsfilet
Öl
2 Eiklar
Senf
Salz
Pfeffer
Bergwiesenheu

Sauce:
80 g Zwiebeln, fein gewürfelt
2 EL Öl
½ l Blauer Wildbacher
¼ l Brauner Fond
20 g kalte Butter

Gemüse:
200 g Brokkoli, klein geschnitten, blanchiert
200 g Karotten, klein geschnitten, blanchiert
100 g Zucchini, in dünne Scheiben geschnitten, blanchiert
20 g Butter
Salz
weißer Pfeffer

Erdäpfelküsschen:
500 g mehlige Erdäpfel
40 g Butter
2 Dotter
2 EL Parmesan, gerieben
Muskat
Salz

Das Filet salzen und pfeffern, nach Geschmack mit Senf einreiben und rundherum im heißen Öl gut anbraten. Das Eiklar mit dem Heu vermischen. Das Filet in eine Pfanne geben und mit dem Heu rundum bedecken, etwas andrücken und das Filet im Heu bei 110 °C bis zu einer Kerntemperatur von ca. 55 °C braten.

Für die Sauce die Zwiebeln im heißen Öl anrösten und mit Schilcher ablöschen. Auf ⅛ l reduzieren, danach mit dem Fond aufgießen und nochmals einreduzieren. Sauce abseihen und erst kurz vor dem Anrichten die Sauce mit kalter Butter montieren.

Das Gemüse vor dem Anrichten in Butter schwenken und würzen.

Für die Küsschen die Erdäpfel kochen, ausdämpfen lassen und noch warm pressen. Butter und Eidotter dazugeben und mit Salz und Muskat abschmecken. Die Masse gut vermengen und in einen Spritzsack geben. Auf ein gebuttertes Backblech dressieren, mit Eidotter bestreichen und etwas Parmesan bestreuen. Bei 180 °C ungefähr eine knappe Viertelstunde backen.

Vor dem Anrichten das Bergwiesenheu zur Gänze entfernen und das Rindfleisch aufschneiden. Die Schnitten auf der Sauce mit dem Gemüse und dem Erdäpfelgebäck dekorativ anrichten.

1 Portion enthält:
Brennwert: 748 kcal
Fett: 46,76 g
Eiweiß: 52,76 g
Kohlehydrate: 26,75 g

Im Bergwiesen-
heu gebratenes
Rindsfilet mit
Gemüse, Schil-
cherzwiebel-
sauce und Erd-
äpfelküsschen

115

Rindsschnitzel mit Apfel-Nussfülle auf Sauce vom Blauen Wildbacher dazu grüne Bandnudeln

Gewidmet vom Alpengasthof Messner, Familie Maritschnegg, Soboth

Zutaten:
600 g Rindsschnitzel
2 Äpfel
120 g Walnüsse
Salz
125 ml Blauer Wildbacher
125 ml Brauner Fond
etwas Schlagrahm

Nudelteig:
300 g Mehl
3 Eier
200 g Brennnesseln (blanchiert und fein gehackt)
1 EL Öl
Salz
Wasser

Apfel schälen, fein reiben, mit gehackten Nüssen vermengen, Schnitzel damit füllen und zuklappen, am Rande feststecken, in Öl beidseitig anbraten, mit Blauen Wildbacher ablöschen und mit Fond aufgießen, mit Schlagrahm verfeinern.

Nudeln: Alle Zutaten zu einem Teig verarbeiten, dünne Bandnudeln schneiden, in reichlich Salzwasser kochen, in Butter schwenken.

1 Portion enthält:
Brennwert: 867 kcal
Fett: 35,54 g
Eiweiß: 48,56 g
Kohlehydrate: 84,73 g

Kaninchen in Schilcherrahmsauce

1 Kaninchen, ca. 1,8 kg Lebendgewicht, küchenfertig, in Portionsstücke geteilt
1/2 l Schilcher, halbtrocken
1 mittelgroße Zwiebel, gewürfelt
40 g Butter
2 Lorbeerblätter
Gewürznelken
200 g Crème fraîche
1 Bd. Petersilie
400 g Schilchernudeln
Salz
Pfeffer

Die Kaninchenstücke im Wein über Nacht einlegen. Am Kochtag aus dem Wein nehmen, abtrocknen und bei mittlerer Hitze im Butterschmalz von allen Seiten hellbraun anbraten. Salzen, pfeffern, herausheben und warm halten. Im verbliebenen Butterschmalz die Zwiebeln glasig anrösten und Wein sowie die Kaninchenteile dazugeben. Leicht salzen und bei schwacher Hitze eine halbe Stunde schmoren. Hernach die restlichen Gewürze und die Crème fraîche dazugeben. Eine gute Viertelstunde weiterschmoren lassen. Nochmals mit Salz und Pfeffer abschmecken und mit Petersilie bestreut servieren.

Als Beilage kann man Schilchernudeln, wie man sie bei Schilcherland Spezialitäten fertig kaufen kann, servieren.

1 Portion enthält:
Brennwert: 920 kcal
Fett: 39,12 g
Eiweiß: 66,06 g
Kohlehydrate: 72,09 g

Wildbacher Hirschgulasch

*Gewidmet vom Gasthaus Lindner,
Familie Weißensteiner, Soboth*

**600 g Hirschgulaschfleisch, im Ganzen
60 g Schilchertraubenkernöl
250 g Wurzelgemüse, geraspelt
1 Zwiebel, fein gehackt
1 Knoblauchzehe, fein gehackt
1/8 l Blauer Wildbacher
2 EL Sauerrahm
Saft von 1 Zitrone
1 EL Butter
2 EL Preiselbeeren
Pfefferkörner
Wacholderbeeren
Lorbeerblätter
Thymian
Muskatnuss, gemahlen
Salz, Pfeffer**

Das Fleisch mit den Gewürzen nicht ganz weich kochen, herausnehmen, würfelig aufschneiden und warm stellen. Im heißen Öl Zwiebeln kurz anrösten, das Wurzelgemüse mitrösten, dann das Fleisch dazugeben. Mit dem geseihten Kochsud aufgießen und zugedeckt im Backrohr bei ca. 170 °C fertigdünsten. Mit Butter, Sauerrahm, Wein und Muskat sowie Preiselbeeren und Zitronensaft abschmecken und noch einmal kurz aufkochen.

1 Portion enthält:
Brennwert: 313 kcal
Fett: 18,69 g
Eiweiß: 31,80 g
Kohlehydrate: 3,98 g

Filet vom Wildhasenrücken mit Wirsingblättern im Piroggenteig

300 g Wildhasenrückenfilet
50 g Wildpastete
20 g Traubenkernöl
4 mittlere Wirsingblätter
300 g gemischtes Gemüse, klein geschnitten
Salz, Pfeffer

Piroggenteig:
150 g Mehl, 40 g Butter, 1 Ei
30 g Sauerrahm
1/4 TL Backpulver, Salz

Wildbachersauce:
65 g Wildhasen- oder Kalbsjus
1/8 l Blauer Wildbacher
2 EL Schilcher Auslese
1 EL Schilcherbalsamico
Butter

1 Portion enthält:
Brennwert: 474 kcal
Fett: 26,86 g
Eiweiß: 27,69 g
Kohlehydrate: 28,56 g

Den Piroggenteig durch Vermengen aller Zutaten herstellen und mindestens 2 Stunden kühl stellen. Wildhasenrückenfilet würzen und kurz beidseitig im Öl anbraten. In vier Teile schneiden und auskühlen lassen. Den Teig ausrollen, in vier Vierecke schneiden und mit blanchierten Wirsingblättern belegen. Das Fleisch auf die Wirsingblätter legen, mit der Wildpastete bestreichen und die Piroggen verschließen. Mit Dotter und Rahm bestreichen. Im Ofen bei 200 °C ca. 5 Minuten backen.

Für die Wildbachersauce alle Zutaten zusammenrühren und aufkochen. Auf die Hälfte einreduzieren, dann mit Butterflocken binden.

Als Beilage kann man blanchiertes Gemüse in Butter anschwitzen und mit Salz und Pfeffer aus der Mühle würzen.

Beim Anrichten die Piroggen aufschneiden. Die Wildbachersauce auf den Teller gießen und die Piroggenhälften dazu anrichten. Mit dem heißen Gemüse umlegen. Dekorieren mit einem frischen Thymianbouquet.

Wildbacher Reh- oder Hirschbraten

Gewidmet vom Gasthaus Lindner, Familie Weißensteiner, Soboth

3/4 kg Reh- oder Hirschschlögel, ausgelöst
150 g Zwiebeln, fein geschnitten
250 g Wurzelgemüse, fein geschnitten
4 EL Hagebutten, entkernt, frisch oder getrocknet
1 EL Tomatenmark
1/4 l Blauer Wildbacher
1/2 l Wildsuppe
Wacholderbeeren
Lorbeerblatt
Öl, Butter
Preiselbeeren, frisch oder eingelegt
4 Portionen Polenta oder Serviettenknödel
Salz, Pfeffer

Das Fleisch salzen, pfeffern und in heißem Öl rundherum anbraten. Zwiebeln dazugeben und mitrösten. Dann das Tomatenmark einrühren, Wurzelgemüse und Hagebutten dazugeben. Von Zeit zu Zeit mit etwas Wein ablöschen. Gut durchrösten, bis das Ganze eine schöne dunkle Farbe angenommen hat. Mit drei Viertel der Suppe aufgießen, Wacholder und Lorbeer hineingeben und im Backrohr bei 150 °C gute zwei Stunden schmoren lassen. Wenn nötig, zwischendurch abwechselnd Wein und Suppe nachgießen.

Fleisch herausnehmen, die Soße abseihen und noch ein wenig mit Butter montieren. Den Braten aufschneiden und mit dem Gemüse und den Preiselbeeren anrichten. Polenta oder Serviettenknödel passen als Beilage ganz gut dazu.

1 Portion enthält:
Brennwert: 357 kcal
Fett: 17,80 g
Eiweiß: 41,41 g
Kohlehydrate: 6,88 g

Aus der Koch-Schule geplaudert

Franz Peier, oftmaliger Kochkurskompagnon des Autors, kann sich schon einige Auszeichnungen auf seine Kochhaube heften. Vom Kochweltmeister 1996 in Singapur bis zum Diplom als Diätkoch. Nach vielen Jahren auf den Küchen-Weltmeeren betreibt er seit dem Jahre 2000 seine Kochschule „koch-art" in Graz. Da kann er so manches aus der Wein-Küche schildern, Pardon: schilchern. Seine Rezepte sind ein bisschen anders, aber immer verblüffend köstlich. Nehmen Sie sich Zeit, einen guten Schilcher und auf geht's zur Genusswolke.

Sturmcremesuppe mit Sauerkraut und Speck

100 g Äpfel geschält, in Scheiben geschnitten
80 g Zwiebeln, würfelig geschnitten
200 g Erdäpfel, mehlig, würfelig geschnitten
50 g Butter
½ l Gemüsefond
½ l Schilchersturm
¼ l Schlagrahm oder 1 Becher Crème fraîche
Muskat
Zimt
Chili
Nelken
4 Palatschinken
Sauerkraut
Speck
Salz
Pfeffer

Äpfel, Zwiebeln und Gewürze in Butter anschwitzen mit Gemüsefond und Sturm ablöschen und mit etwas geschlagenem Rahm oder Crème fraîche verfeinern. Dann die Erdäpfel dazugeben und köcheln lassen. Zuletzt noch den restlichen Schlagrahm dazurühren und weitere 5 Minuten köcheln. Durchmixen und abschmecken. Als Einlage kann man Palatschinken reichen, die mit Speck und Sauerkraut gefüllt und dreieckig zusammengelegt werden.

1 Portion enthält:
Brennwert: 753 kcal
Fett: 46,67 g
Eiweiß: 12,41 g
Kohlehydrate: 68,25 g

Hendlsalat mit Schilcher-balsamico-dressing

121

Hendlsalat mit Schilcherbalsamicodressing

Foto Seite 120

4 Hühnerbrüstchen, ca. 20 Minuten warm geräuchert

Salat:
2 Stangen Rhabarber, in 4 cm lange Stücke geschnitten
2 EL Zucker
2 EL Schilcherbalsamico
½ Bd. grüner Spargel
1 kleiner Kopf Radicchio
100 g Rucola
2 Radieschen, gehobelt
50 g Fenchel, gehobelt
3 EL Kürbiskerne, geröstet
Zimt
Chiliflocken
Zesten von ½ Orange
Basilikum, gehackt
Bärlauch oder Sauerrampfer
Öl
Salz
Pfeffer

Dressing:
6 EL Traubenkernöl
1 EL Honig
1 TL Dijonsenf
2 EL Schilcherbalsamico

Für das Dressing alles zusammen aufmixen.

Die Hühnerbrüstchen mit Kaffee-Pfeffer (siehe Seite 126) einreiben und in einem hohen Backblech über Hartholzschnitzeln und einigen Gewürzkörnern – Wacholder, Sesam, Senfkörner – auf der heißen Herdplatte ca. 20 Minuten räuchern.

Zucker hellbraun karamellisieren, Rhabarber dazugeben, mit Balsamico ablöschen und kurz köcheln lassen. Mit Salz und Pfeffer, Zimt und Chiliflocken abschmecken. Den grünen Spargel von den holzigen Enden befreien und in etwas Öl knackig anbraten. Die geräucherten Hühnerbruststücke in dünne Scheiben schneiden. Alles zusammen mit dem Dressing mischen und appetitlich anrichten. Mit Orangenzesten und Kürbiskernen, Fenchel, Radieschenscheiben und Kräutern verfeinern, nochmals abschmecken und mit Basilikum bestreuen.

1 Portion enthält:
Brennwert: 699 kcal
Fett: 50,59 g
Eiweiß: 38,18 g
Kohlehydrate: 20,92 g

Mohnnudeln mit Paradeis-Zwetschken-Sauce

Mohnnudeln:
400 g Erdäpfel, mehlig, gekocht
180 g Mehl, 130 g Butter
2 Dotter, 200 g Mohn, gemahlen
40 g Staubzucker
1 MS Muskat, Salz, Pfeffer

Sauce:
250 g Zwetschken, halbiert, entkernt,
50 g davon klein würfelig geschnitten
250 g Paradeiser, würfelig geschnitten,
etwas für Einlage sparen
2 EL Rapsöl, 2 dl Schilcher
4 cl Schilcherbalsamico
100 g Zwiebeln, fein gehackt
20 g Ingwer, gerieben
2 EL Honig, 20 g Butter
Zesten und Saft von 1 Orange
etwas Kreuzkümmel, Zimt, Kardamom, Chili
nach Belieben und Geschmack

1 Portion enthält:
Brennwert: 959 kcal
Fett: 61,90 g
Eiweiß: 19,00 g
Kohlehydrate: 78,13 g

Für die Mohnnudeln die gekochten Erdäpfel schälen, durch eine Erdäpfelpresse drücken und mit den Zutaten kurz und bündig vermengen. Teig zu einer Rolle formen, kleine Stücke abschneiden, zu kleinen Nudeln formen, in Salzwasser kurz überkochen.
Für die Sauce Öl erhitzen, Zwetschken, Paradeiser, Zwiebeln, Zesten und Ingwer mit den Gewürzen leicht anschwitzen, mit Schilcher und Balsamico ablöschen, den Honig dazugeben und 8 bis 10 Minuten leicht köcheln lassen. Dann mit dem Stabmixer mixen, durchpassieren und nochmals kurz aufkochen. Die restlichen Zwetschken- und Paradeiswürfel als Einlage dazugeben, mit Butter montieren. Wenn nötig, nochmals mit den Gewürzen abschmecken.
Nockerln in der Paradeis-Zwetschken-Sauce schwenken und servieren.

Gebackene Erdäpfelknödel mit Räucherlachs und Schilcherbalsamkren

Zutaten für 25–30 Stk.:
1 kg mehlige Erdäpfel
250 g Mehl
2 Eier
Muskat
Salz, Pfeffer
500 g Räucherlachs, in dünne Streifen geschnitten
1 bis 2 Eier, Mehl, Bröseln für Panier
25–30 Holzsteckerln, ca. 10 cm lang

Schilcherbalsamkren:
2 Karotten, in dünne kurze Streifen geschnitten
½ Krenwurzen, gerieben
6 EL Schilcherbalsamico
10 EL Rapsöl
½ Bd. Schnittlauch
Salz, Pfeffer

Die Erdäpfel gut ausdämpfen lassen, schälen, schnell passieren und mit Mehl, Ei, Salz und Muskat rasch zu einem Teig verarbeiten. Aus dem Teig eine Rolle formen, Scheiben abschneiden etwas flach drücken und mit Lachsstücken belegen. Kleine Knödel formen, panieren, auf die Holzspieße stecken und frittieren. Dazu den Schilcherbalsamkren – dafür einfach alle Zutaten gut miteinander vermischen – reichen. Mit fein geschnittenem Schnittlauch bestreuen und servieren. Dazu passt gut ein Salat nach Saison.

1 Portion enthält:
Brennwert: 917 kcal
Fett: 32,24 g
Eiweiß: 39,35 g
Kohlehydrate: 113,20 g

Polenta, Blutwurst, Bachkrebse

400 g Blutwurst
24 Bachkrebsschwänze

200 g Polentagrieß
¼ l Suppe
¼ l Schilcher
1 MS Muskatnuss, gemahlen
1 EL Butter
Curry, Salz, Pfeffer
Paradeiswürfel
Wasabi-Sauerrahm

Rote Rübensauce:
4 Rote Rüben, gekocht, geschält, in Scheiben geschnitten
¼ l Blauer Wildbacher
Kümmel, gemahlen
Senfkörner, gemahlen
Chilisauce süß-sauer
Wasabi, Salz, Pfeffer

Rote Rüben mit Blauem Wildbacher passieren und mit Salz, Pfeffer, Chilisauce und Wasabi abschmecken
Polenta wie auf Seite 86 zubereiten, in einer Klarsichtfolie zu einer ca. 5 cm dicken, festen Rolle formen. Dann in ca. 1 cm dicke Scheiben schneiden, in der Gewürzmischung (Curry, Salz, Pfeffer, Muskat) wälzen und knusprig braten.
Blutwurst ebenfalls in ca. 3 cm dicke Scheiben schneiden in der Gewürzmischung wenden und knusprig braten.
Die Krebse kurz und vorsichtig anbraten, mit Salz und Pfeffer würzen und mit der Petersilie bestreuen.
Das Trio nun mit der Roten Rübensauce anrichten und servieren.

1 Portion enthält:
Brennwert: 511 kcal
Fett: 24,32 g
Eiweiß: 24,62 g
Kohlehydrate: 43,86 g

Kalamari, Rindsfilet und Kürbis

200 g Kalamari, in Ringe geschnitten
Saft von 1 Zitrone
3 EL Mehl-Paprikamischung
Thymian
320 g Rindsfilet, in dünne Scheiben geschnitten
250 g Kürbis, würfelig geschnitten
60 g Zwiebeln, würfelig geschnitten
120 g Paradeiser, würfelig geschnitten
100 g Speck, würfelig geschnitten
2 Knoblauchzehen, fein gehackt
30 g Butter
100 ml Schilcher
100 ml Gemüsefond
40 g Parmesan
Öl
Muskat
Zimt
Chili
Kreuzkümmel
Salz
Pfeffer

Zuerst den Speck anbraten, Zwiebeln, Knoblauch, Kürbis und Gewürze (Muskat, Zimt, Chili, Kreuzkümmel, Salz, Pfeffer) nach Geschmack dazugeben. Kurz Farbe bekommen lassen. Die Paradeisstücke dazugeben, mit Wein und Gemüsefond ablöschen. Gar köcheln lassen, abschmecken und mit Butter vollenden.
Die Kalamari mit Zitronensaft und Thymian würzen, in der Mehl-Paprikamischung wenden und in reichlich Öl kurz braten.
Die dünnen Filetscheiben mit Salz, Pfeffer und Zitronensaft würzen und im Rohr mit gehobeltem Parmesan leicht erwärmen.

1 Portion enthält:
Brennwert: 519 kcal
Fett: 36,22 g
Eiweiß: 30,87 g
Kohlehydrate: 15,86 g

Wild mit Schilcher-Kürbis-Gemüse

700 g Wildfleisch (Rehnuss, Hirschfilet, Wildschwein)
1 Eiklar
Kaffee-Pfeffer*)

Schilcher-Kürbis-Gemüse:
½ l Schilcher
200 g Gelierzucker
1 Orange
1 Limette
1 Zitrone, Zitronenstreifen, kurz überkochen, den Rest auspressen
1 Zimtstange
½ Vanilleschote
1 Sternanis
etwas Safran
200 g Kürbis, würfelig geschnitten
100 g Ananas, würfelig geschnitten
100 g Zwetschken, geviertelt
100 g Maroni, gebraten, geschält

Das Fleisch mit Eiklar einpinseln und in Kaffee-Pfeffer wälzen. Im heißen Schilchertraubenkernöl rosa braten, dann ca 10 Minuten rasten lassen.
Für das Schilcher-Kürbis-Gemüse Gelierzucker mit Schilcher und Zitronensaft aufkochen, die Zitronenstreifen und Gewürze dazugeben und etwas köcheln lassen. Die restlichen Zutaten dazugeben und weich köcheln.
Fleisch in Scheiben schneiden und mit dem Gemüse anrichten.

*) 4 EL gemahlenen Kaffee (Express-Bohnen), 2 EL schwarzer Pfeffer, 2 EL weißer Pfeffer, 2 EL Szechuanpfeffer, 1 EL Koriander vermischen und mit etwas Zimt vermahlen

1 Portion enthält:
Brennwert: 445 kcal
Fett: 3,08 g
Eiweiß: 39,12 g
Kohlenhydrate: 63,13 g

Rhabarberterrine mit kalter Erdbeersuppe

Terrine:
150 g Rhabarber
60 g Fruchtzucker
30 ml Schilcher Beerenauslese
Honig
2 EL Sauerrahm
¼ l Schlagrahm
6 Blatt Gelatine
Zimt, Kardamom
etwas Ingwer, gerieben
½ Pkg. Strudelblätter

Erdbeersuppe:
150 g Erdbeeren
⅛ l Orangensaft
3 EL Schilcher Beerenauslese
1 EL Honig
120 g Erdbeeren, Brunoise (fein gewürfelt)
2 TL Zitronenmelisse, fein gehackt

Rhabarber schälen, in Stücke schneiden mit Schilcher Beerenauslese und 2 EL Honig weich kochen, bis fast keine Flüssigkeit mehr vorhanden ist. Mit dem Stabmixer pürieren und durch ein Sieb streichen. Anschließend die eingeweichten und ausgedrückten Gelatineblätter dazugeben.
Zucker und Gewürze mit Rhabarberpüree und Sauerrahm verrühren und den geschlagenen Schlagrahm unterheben. Terrinenform mit Klarsichtfolie auskleiden und die Masse einfüllen. Kalt stellen.
Aus allen Zutaten die Erdbeersuppe zusammenrühren. Terrine in Scheiben schneiden mit der Erdbeersuppe anrichten und mit gebackenen, gebrochenen Strudelteigblättern dekorieren.

1 Portion enthält:
Brennwert: 334 kcal
Fett: 13,24 g
Eiweiß: 12,56 g
Kohlenhydrate: 40,09 g

Aus der Koch-Schule geplaudert

Schweinsfilet mit karamellisiertem Pattison und Erdäpfelpüree

600 g Schweinsfilet, Silberhaut entfernt
300 g Pattison, halbiert, geputzt
2 EL Zucker
1/8 l Schilcher
2 EL Schilcher Beerenauslese
Schilchertraubenkernöl
Schilcherbalsamico
4 kleine Paradeiser, gewürfelt
6 Stk. Jungzwiebeln, halbiert
200 g Baby-Karotten
300 g Erdäpfelpüree
Limettensaft
Oberskren
Milch, Butter
Muskat
Tandoorigewürz*)
Salz, Pfeffer

1 Portion enthält:
Brennwert: 512 kcal
Fett: 23,12 g
Eiweiß: 39,51 g
Kohlehydrate: 34,81 g

Filet in Portionsstücke von ca. 150 g schneiden, mit Salz, Pfeffer, Zimt und Tandoorigewürz würzen und rosa braten. In einer Pfanne Zucker hell karamellisieren, den Pattison dazugeben und mit Schilcher und Schilcher Beerenauslese ablöschen. Ca. 15 Minuten köcheln lassen, herausnehmen und den Saft mit etwas Butter sirupartig einkochen lassen, mit Pfeffer würzen.
Paradeiswürfel und Jungzwiebeln in Traubenkernöl kurz anbraten und mit Schilcherbalsamico abschmecken. Dazu noch Karotten glacieren und ein Erdäpfelpüree mit Limettensaft und Oberskren verfeinert zubereiten.

*) Tandoorigewürz besteht u. a. aus Kreuzkümmel, Koriander, Ingwer, Knoblauch, Chili, in manchen Mischungen sind zusätzlich z. B. Kurkuma, Kardamom, Pfeffer, Muskatnuss, Zimt, Safran, Paprika und Nelken enthalten.

Zanderfilet in
Schilcher-
Wurzelsauce

Fischgerichte

Die Weststeiermark hat viele kulinarische Aushängeschilder, ja fast Säulenheilige. Sterz, Kürbis und Kernöl, Maroni sowie natürlich Schilcher gehören auf jeden Fall dazu. Aber auch die Teichfische, die hier in bester Qualität produziert werden, sind eine eigene Kategorie der Rezepte wert. Forelle, Saibling, Zander oder Karpfen schwimmen in Wasser ebenso gerne wie in Schilcher bzw. in Schilcherbegleitung.

Schilcherkarpfen

Gewidmet vom Reiterhof Mörtlweberland, Familie Krieger, St. Ulrich i. G.

4 Karpfenfilets, à 220 g, geputzt, geschröpft
1/2 l Schilcher
Mehl
4 TL Butter
1/2 Bd. Petersilie, fein gehackt
3 Knoblauchzehen, fein gehackt
3 EL Schlagrahm, geschlagen
4 Portionen Petersilerdäpfel oder 4 dicke Weißbrotscheiben
Salz
Pfeffer

Die Karpfenfilets mit der geschröpften Seite 10 Minuten in Schilcher einlegen. Herausnehmen, salzen, pfeffern und beidseitig leicht bemehlen. Mit der Hautseite zuerst in einer beschichteten Pfanne im heißen Öl braten, bis die Haut knusprig ist, wenden und auf der zweiten Seite fertigbraten. Warm stellen. In der Pfanne die Butter mit Petersilie, Knoblauch und einer Prise Salz aufschäumen und über den Fisch gießen. Den Pfannensatz mit 1/16 l Schilcher lösen und auf 2 EL einköcheln lassen, Schlagrahm einrühren und ebenfalls über den Fisch gießen. Mit Petersilerdäpfeln oder einem schlichten Weißbrot servieren.

1 Portion enthält:
Brennwert: 525 kcal
Fett: 25,89 g
Eiweiß: 48,93 g
Kohlehydrate: 22,13 g

Fischgerichte

Karpfensülzchen in Schilchervinaigrette

Sülzchen:
1 kg Karpfen, filetiert, Karkassen extra
6 Blatt Gelatine
2 l Wasser
¼ l Schilcher
Saft von 2 Zitronen
1 kleine Sellerieknolle
1 kleine Petersilwurzel
2 Karotten
½ Bd. Dille, fein geschnitten
½ Bd. Schnittlauch, fein geschnitten
2 Safranfäden
1 Knoblauchzehe
weiße Pfefferkörner, Wacholderbeeren

Schilchervinaigrette:
Schilcheressig
Schilchertraubenkernöl
Salz, Pfeffer

1 Portion enthält:
Brennwert: 533 kcal
Fett: 21,93 g
Eiweiß: 74,76 g
Kohlehydrate: 7,21 g

Filets gut entgräten bzw. schröpfen, mit Salz, Pfeffer und Zitronensaft marinieren. In einer gebutterten Kasserolle mit etwas Fischfond und Schilcher im Backrohr eine knappe Viertelstunde bei ca. 220 °C pochieren. Auskühlen lassen. Karkassen mit Gemüseschalen und Gemüsestücken gewürzt in 1 l Wasser auf die Hälfte einkochen. Abseihen und Gelatine in diesem Fischfond auflösen. Das Gemüse in kleine Würfel schneiden und in Salzwasser weich kochen. Kalt, am besten mit Eiswürfeln, abschrecken.
Die Filets nun in kleine Stücke schneiden und mit dem Gemüse, Dille und Schnittlauch vorsichtig vermengen, in eine geölte, mit Klarsichtfolie ausgelegte Kastenform füllen und mit dem gelatinierten Fischfond auffüllen. Mindesten einen halben Tag kalt stellen.
In Scheiben geschnitten mit einer einfachen Schilchervinaigrette anrichten.

Bachforelle mit Sauce vom Blauen Wildbacher

2 Bachforellen, filettiert, entgrätet, in 2 cm breite Streifen geschnitten
Saft einer Zitrone
Worcestersauce
20 g Butter
Mehl
Sauce
1 TL Butter
1 TL Schalotten, fein gehackt
½ Knoblauchzehe fein gehackt
100 ml Blauer Wildbacher
50 ml Crème fraîche
3 EL Schilcher-Hollandaise (siehe Seite 32)
50 ml Schlagrahm, geschlagen
Petersilerdäpfel
Blattspinat
Salz
Pfeffer

Forellenfilets mit Zitronensaft, Salz, Pfeffer und Worcestersauce marinieren. Beidseitig bemehlen und in heißer Butter braten.
Für die Sauce Schalotten und Knoblauch in der Butter dünsten, mit Wein ablöschen und auf ca. ein Viertel einkochen lassen. Die Crème fraîche dazugeben und aufkochen. Hollandaise und Schlagrahm mischen und in die köchelnde Sauce einrühren. Salzen, pfeffern und vom Herd nehmen.
Auf den vorgewärmten Tellern die Sauce zu einem Spiegel gießen und die Fischstreifen darauf verteilen. Petersilerdäpfel und jungen Blattspinat als Beilage reichen.

1 Portion enthält:
Brennwert: 397 kcal
Fett: 14,79 g
Eiweiß: 44,03 g
Kohlehydrate: 20,56 g

Forellenfilets mit Schilcher

8 Forellenfilets
1 Zitrone
100 g Maismehl, glatt
Sonnenblumenöl
Salz
weißer Pfeffer

Paradeismasse:
120 g Schalotten, fein gehackt
2 Knoblauchzehen, fein gehackt
50 g Butter
½ kg Paradeiser, blanchiert, enthäutet, kleinwürfelig geschnitten
20 g Mehl, glatt
200 ml Schilcher
½ Bd. Petersilie, fein gehackt
Zucker
Salz, Pfeffer

Käse-Semmel-Masse:
3 Semmeln, entrindet, kleinwürfelig geschnitten
¼ l Schlagrahm
50 g Emmentaler, gerieben
Muskat
Salz, Pfeffer

1 Portion enthält:
Brennwert: 768 kcal
Fett: 40,15 g
Eiweiß: 50,81 g
Kohlehydrate: 48,18 g

Forellenfilets mit Zitronensaft beträufeln, mit Salz und weißem Pfeffer würzen und in Maismehl tauchen. Im heißen Öl knusprig braten, danach in eine Pfanne legen.
Schalotten und Knoblauch in Butter anrösten, Paradeiser, etwas Zucker und Petersilie dazugeben. Weiterrösten, etwas stauben, mit Schilcher ablöschen und mit Salz und Pfeffer abschmecken. Noch ca. 3 Minuten fertigdünsten.
Semmeln mit Schlagrahm und Käse vermengen. Zuerst die Paradeismasse über die Filets streichen, dann die Semmelmasse darübergeben und alles bei starker Oberhitze überbacken.

Forelle Blau(er Wildbacher)

4 frische Forellen, küchenfertig, mit unverletzter Schleimhaut, 3–5 Stunden abgelegen
ca. 1 l Schilcher
40 g Butter
8 Zitronenscheiben
500 g Petersilerdäpfel
Salz
Pfeffer

Den Schilcher gesalzen und gepfeffert, in einem länglichen Topf (Bräter) mit Einsatz zum Köcheln bringen. Forellen vorsichtig einlegen und wenn nötig, mit so viel Wasser auffüllen, dass die Fische gerade bedeckt sind. Eine knappe Viertelstunde ziehen lassen. Die Forellen sind dann blau gefärbt, die Augen fast weiß und fallen beinahe heraus. Die Fische vorsichtig herausnehmen und auf Tellern mit Butter beträufelt und den Zitronenscheiben anrichten. Als Beilage eignen sich Petersilerdäpfel hervorragend. Auch eine Schilcher-Hollandaise passt sehr gut dazu. (Siehe Rezept auf Seite 32)

Statt Forellen sind auch Saiblinge, Reinanken oder Schleien vorzüglich verwendbar.
Der Kochsud kann auch durchaus, zumal, wenn im selben Menü eingesetzt, als Basis für eine Schilcherrahmsuppe verwendet werden, da durch die Frische der Fische der Wein kaum einen Fischgeschmack annimmt.

1 Portion enthält:
Brennwert: 408 kcal
Fett: 17,57 g
Eiweiß: 41,75 g
Kohlehydrate: 19,30 g

Forelle in Schilchersauce

Gewidmet vom Restaurant Kloepferkeller, Eibiswald

**Filets von 4 Forellen
300 g Spargel
250 g Erbsen
250 g Prinzesskarotten
50 g Butter
100 g Schalotten, fein gehackt
3/8 l Schilcher
Saft von 1 Zitrone
4 EL Petersilie, fein gehackt
Salz, Pfeffer**

1 Portion enthält:
Brennwert: 362 kcal
Fett: 12,50 g
Eiweiß: 46,44 g
Kohlenhydrate: 14,94 g

Die Forellenfilets mit Salz, Pfeffer und Zitronensaft sowie fein gehackter Petersilie marinieren. Gemüse in Salzwasser blanchieren und in heißer Butter schwenken. Schalotten in einer gebutterten großen Bratform bodendeckt verteilen, Wein darübergießen und die Filets einlegen. Das Gemüse darauf verteilen und zugedeckt im Backrohr bei ca. 200 °C eine Viertelstunde dünsten. Fisch mit dem Gemüse und mit Petersilie bestreut servieren.

Forelle in Schilchergelee

**Filets von 4 Forellen, küchenfertig
1 kleine Zwiebel
4 EL Schilcheressig
6 Blatt Gelatine
1/8 l Schilcher
2 Eier, hart gekocht
1 Zitrone
Worcestersauce
Kapern
Pfefferkörner
1/2 Bd. Petersilie, fein gehackt
Salz, Pfeffer**

1 Portion enthält:
Brennwert: 352 kcal
Fett: 7,44 g
Eiweiß: 66,85 g
Kohlenhydrate: 2,71 g

Die Fische in schwach kochendem Wasser mit Salz, Essig, Zwiebel und Pfefferkörnern ca. 8 Minuten ziehen lassen. Herausnehmen und in eine hohe Schüssel legen. Gelatine in Wasser einweichen, dann ausdrücken und in ca. 1/2 l Kochsud auflösen. Mit dem Wein, Salz, Pfeffer, der Worcestersauce abgeschmeckt verrühren. Abgekühlt über die Fischfilets gießen und weiter abkühlen lassen. Mit Zitronen- und Eierscheiben sowie der Petersilie garnieren.

Schnelle Forelle

Gewidmet vom Seecafé Scheer-Ducmann, Soboth Stausee

**8 Forellenfilets oder 4 kleine Forellen, küchenfertig
1/2 l Schilcher
2 Knoblauchzehen, fein gehackt
2 EL Petersilie, fein gehackt
Öl
2 EL Zitronensaft
Gemüsesuppe
Schlagrahm
Salz
Pfeffer
4 Portionen Petersilerdäpfel oder Gemüse der Saison**

1 Portion enthält:
Brennwert: 387 kcal
Fett: 15,79 g
Eiweiß: 42,15 g
Kohlenhydrate: 17,75 g

Fisch mit Salz, Pfeffer, Knoblauch, Zitronensaft und Petersilie einmarinieren und kurz ziehen lassen. Im heißen Öl anbraten, mit dem Schilcher aufgießen und fertigbraten. Herausnehmen und warm stellen. Den Bratensatz mit etwas Suppe aufgießen, einreduzieren lassen, mit Rahm verfeinern und abschmecken. Fischfilets mit der Sauce und der Beilage servieren.

Räucherforellenlaibchen auf Vogerlsalat

200 g Vogerlsalat
50 g Radicchio

Vinaigrette:
2 EL Petersilie, fein gehackt
1 Knoblauchzehe, gehackt
100 ml Schilchertraubenkernöl
2 EL Schilcherbalsamico
1 EL Schilcheressig
Salz
Pfeffer

Forellenlaibchen:
500 g mehlige Erdäpfel, gekocht
2 Eier
1 Dotter
25 g flüssige Butter
120 g Mehl
100 ml Schlagrahm

1 Portion enthält:
Brennwert: 619 kcal
Fett: 42,16 g
Eiweiß: 15,65 g
Kohlehydrate: 42,22 g

120 g Räucherforelle (oder geräucherter Saibling oder Lachs), würfelig geschnitten
Salz
Pfeffer
Butter zum Herausbacken

Die gekochten Erdäpfel gut ausdämpfen lassen und rasch passieren, mit den Eiern, dem Schlagrahm und der Butter glatt rühren. Nach dem Abkühlen die Räucherforellenstücke und das Mehl zufügen. Die Masse zu Laibchen formen und in der Pfanne in der geschmolzenen Butter langsam herausbacken.
Vogerlsalat und Radicchio waschen und trocknen. Die Vinaigrette aus allen Zutaten anrühren und über den Salat geben. Laibchen mit dem Salat servieren.

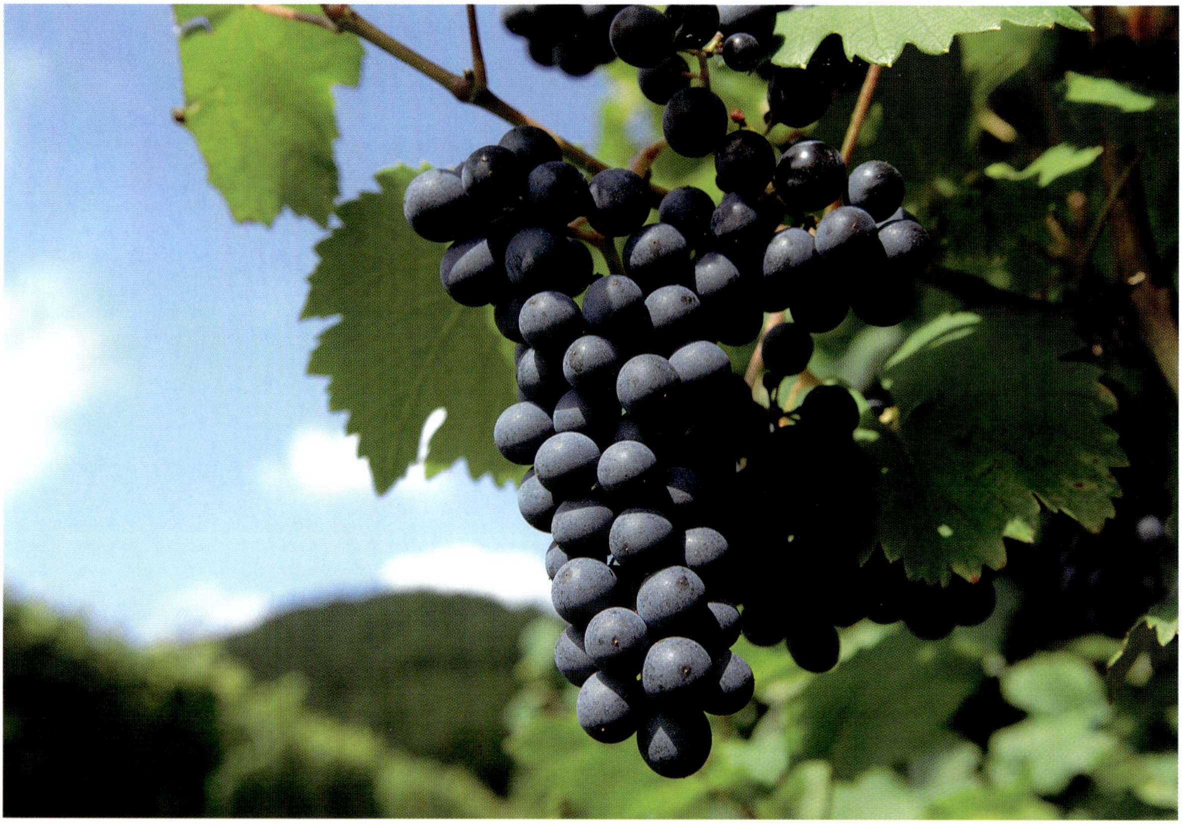

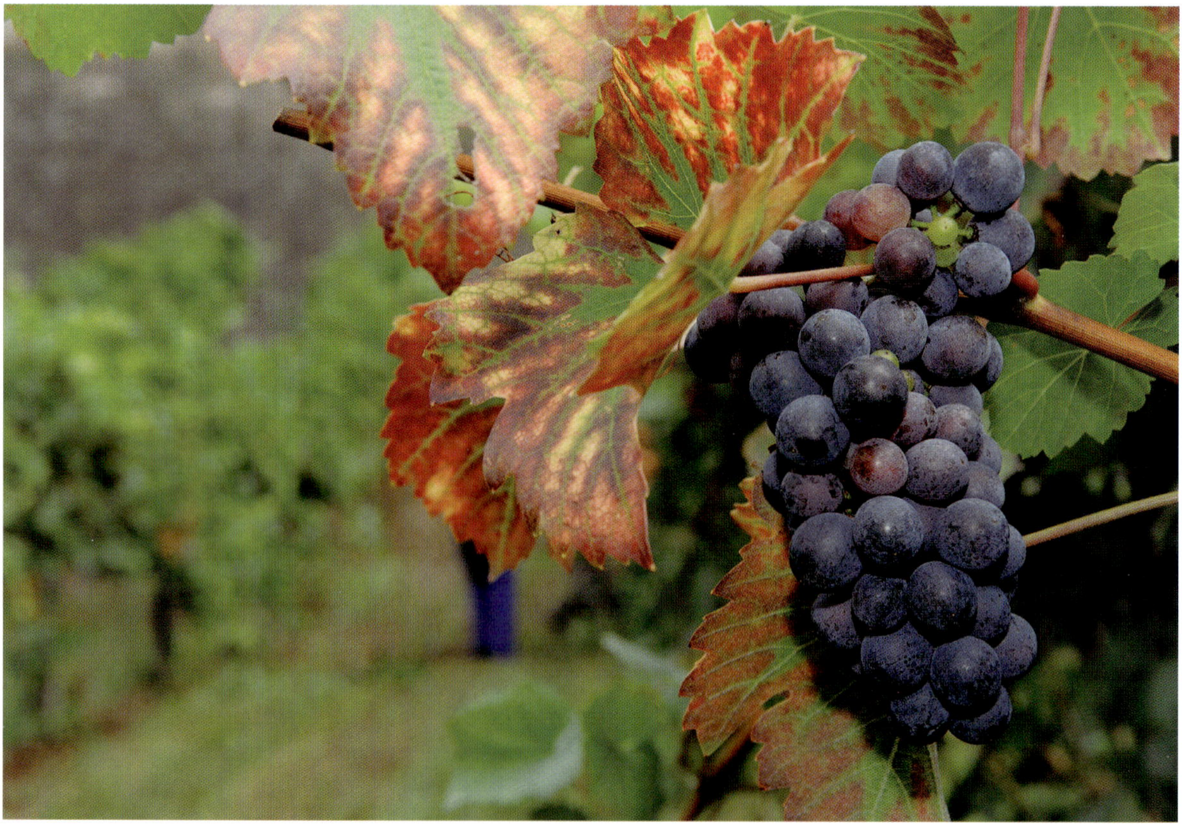

Fischgerichte

Teichfisch auf Gewürzsalz

1 kg Karpfen (oder Reinanken, Zander, Lachsforelle)
½ kg grobes Meersalz
50 g Oliven, entkernt
2 Zwiebeln, fein gehackt
5 Knoblauchzehen, fein gehackt
1 EL Rosenpaprika, 2 Eiklar
Chili, Thymian, Rosmarin, Dill

Topinamburcreme:
300 g Topinambur
Milch, 2 EL Schlagrahm
Butter, Muskat, Salz, Pfeffer

Balsamicosauce:
100 ml Schilcher
1 EL Schilcherbalsamico
100 ml Gemüsefond
1 EL Honig, 30 g Butter
60 g Walnüsse, grob gehackt
50 g Zwiebeln, fein gehackt
50 g Karotten, feinwürfelig geschnitten
2 EL Schlagrahm, geschlagen
Koriander, Szechuanpfeffer, Salz, Pfeffer

1 Portion enthält:
Brennwert: 552 kcal
Fett: 29,81 g
Eiweiß: 54,48 g
Kohlehydrate: 14,65 g

Den Fisch mit der feingemixten Masse aus allen Zutaten einhüllen und im Backrohr bei 200 °C ca. 35 Minuten garen. Für die Creme die Topinambur in Milchwasser weich köcheln, schälen und passieren. Etwas Schlagrahm und Butter einrühren, mit Salz und Pfeffer sowie Muskat abschmecken. Für die Sauce Zwiebeln, Karotten, Walnüsse, Koriander und Szechuanpfeffer in etwas Butter anschwitzen, mit Balsamico ablöschen und einköcheln lassen. Dann mit dem Gemüsefond aufgießen und weiterköcheln lassen. Honig, Butter und Schlagrahm einrühren und abschmecken. Fisch portionsweise mit der Topinamburcreme und der Sauce servieren.

Gelbe Paprikaschaumsuppe mit Edelfischen und Flusskrebsen

Foto Seite 138

500 g Filetstücke von Saibling, Lachsforelle und Zander, in Streifen geschnitten
18 Flusskrebse
2 große gelbe Paprika, in mittlere Stücke geschnitten
5 Schalotten, grob geschnitten
4 EL Butter
1 l Fischfond (oder Rind- bzw. Hühnersuppe)
⅛ l Schilcher
¼ l Schlagrahm
1 Bd. Basilikum, fein geschnitten
einige Safranfäden
Salz
Pfeffer

In einer Pfanne Paprika und Schalotten in etwas heißer Butter anschwitzen, mit Wein ablöschen und einreduzieren lassen. Mit der Suppe auffüllen und köcheln lassen, bis die Paprikastücke weich sind. Die Suppe nun mit dem Stabmixer aufmixen, abseihen und mit der Butter montieren. Mit Salz, Pfeffer und Basilikum abschmecken und mit dem Safran noch farblich und geschmacklich verfeinern.
Die Flusskrebse im kochenden Salzwasser kurz aufkochen und 5 Minuten darin ziehen lassen. Herausnehmen, die Krebsschwänze auslösen, den Darm entfernen. Zuerst die Filetstücke und dann die ausgelösten Flusskrebse in heißer Butter bissfest anbraten.
Die Suppe in tiefe vorgewärmte Tellern gießen, Fischfilets und Krebse als Einlage hineingeben. Mit Basilikum bestreut servieren.

1 Portion enthält:
Brennwert: 290 kcal
Fett: 15,37 g
Eiweiß: 34,77 g
Kohlehydrate: 1,79 g

Gelbe Paprika-
schaumsuppe
mit Edelfischen
und Fluss-
krebsen

139

Muscheln in Schilcherwein

Gewidmet vom Seecafé Scheer-Ducmann, Soboth Stausee

24 große, frische Miesmuscheln
1/8 l Schilcher
1 Thymianzweig
1 Zitrone
Butter
Salz
Pfefferkörner, grob zerdrückt

Die Muscheln unter fließendem, kaltem Wasser gut bürsten. Keine sollte geöffnet sein. Wein mit etwas Wasser mit den Pfefferkörnern und etwas Salz aufkochen. Die Muscheln hineingeben und solange kochen, bis sich die Schalen öffnen. Dann herausnehmen, geschlossene Muscheln unbedingt weggeben.
Mit etwas brauner Butter und Zitronenstücken gibt das einen herrliches, wenngleich einfaches Vorspeisengericht.

1 Portion enthält:
Brennwert: 167 kcal
Fett: 16,33 g
Eiweiß: 15,99 g
Kohlehydrate: 4,35 g

Kuchlmastas
Schilchertraum

Peter Lexe ist den meisten kulinarisch Interessierten weithin bekannt als „Kuchlmasta" einer ebenso bekannten Kleinen Zeitung. Aus Kärnten stammend, schöpft er aus einem ihm wohlbekannten kulinarischen Universum aus dem Vollen. Dieses besteht aus Istrien, Friaul, Kärnten und der Steiermark. Er kennt die Genussregionen und ihre besten Rezepte. Eines verrät er uns hier.

Saibling im Schilchersekt-Schaum mit Brennnesselspinat

4 Saiblingsfilets
250 g junge Brennnesselblätter
1/4 **l Schilchersekt**
1/4 **l Fischfond**
1/4 **l Schlagrahm**
Butter
Brunnenkresse
Zitronensaft
Olivenöl
Knoblauch
Salz
Pfeffer

Fischfilets salzen, pfeffern und mit Zitronensaft beträufeln.

Fischfond mit Schilchersekt mischen, aufkochen und reduzieren lassen. Den Schlagrahm dazugeben und wiederum reduzieren. Mit einem Pürierstab kalte Butterstücke in die Sauce mixen, dann Blätter von der Brunnenkresse dazugeben und weiter aufmixen. Die Sauce sollte jetzt nicht mehr kochen, da sonst kein Schaum entstehen kann.

Saiblingsfilets in etwas Olivenöl und Butter beidseitig braten. Die Brennnessel blanchieren und in Butter mit einer aufgeschnittenen Knoblauchzehe durchschwenken.

Brennnessel auf Teller geben, die Filets darüberlegen und mit Schilcherschaum überziehen

1 Portion enthält:
Brennwert: 401 kcal
Fett: 24,23 g
Eiweiß: 42,00 g
Kohlehydrate: 12,11 g

Marillen-Schilcher-
buchteln,
Schilcher
Muffins und
Schilcherkekse

Desserts und Süßspeisen

Das Leben ist oft geistlos genug, wir bieten eine Alternative. Süße, hochgeistige Entspannung durch Desserts oder Nachspeisen auf Schilcherbasis, die das Glücksgefühl garantiert fördern. Fruchtig frische Kreationen, bei denen Schilcher, Schilchersekt und -likör die Hauptrolle spielen sind zwar eher für Erwachsene gedacht, das eine oder andere Gericht ist aber auch jugendfrei genießbar. Süß, aber nicht picksüß, fruchtbetont und erfrischend für alle Jahreszeiten.

Schilcherweingebäck

Gewidmet vom Weinbau/Buschenschank Glirsch, Familie Krottmayer, Eibiswald

200 g Butter
150 g Zucker
2 Dotter
300 g Mehl
3 EL Schilcher
1 TL Zimt
¼ TL Kardamom, gemahlen
¼ TL trockene Orangenzesten
Kondensmilch

Dotter mit Butter und Zucker gut verrühren, Mehl und die Gewürze unterrühren und zu einem geschmeidigen Teig kneten. Über Nacht in einer Klarsichtfolie zu einer ca. 4 cm dicken Rolle geformt kalt stellen.
Die Teigrolle in ca. 2 cm dicke Stücke schneiden, mit dem Daumen in der Mitte eindellen und mit Kondensmilch bestrichen ungefähr eine halbe Stunde im Backrohr bei 200 °C backen. Das ausgekühlte Gebäck einige Tage in einer Dose verschlossen ziehen lassen, dann ist das Gebäck wohlschmeckend genießbar.

1 Portion (⅛ der Rezeptmenge) enthält:
Brennwert: 417 kcal
Fett: 22,47 g
Eiweiß: 5,46 g
Kohlenhydrate: 46,39 g

Geschilcherte Keks

280 g glattes Mehl
280 g Butter
1 Dotter
4 EL Schilcher
2 EL Schlagrahm
Salz

Schneehaube:
1 Eiklar
100 g Staubzucker
1 Prise Salz
½ TL Zitronensaft

Eiklar mit Staubzucker, Salz und Zitronensaft steif schlagen.

Mehl mit Butter, Dotter, Schilcher und Schlagrahm zu einem glatten Teig verkneten. Eine halbe Stunde kühl rasten lassen. Dann den Teig ausrollen und mit beliebigen Keksformen ausstechen.
Die Kekse auf ein gebuttertes Blech setzen und mit einem Spritzsack auf jedes Keks ein Häubchen Eischnee draufdrücken. Im auf 150 °C vorgeheizten Backrohr vorbacken, nach 5 Minuten die Hitze auf ca. 130 °C reduzieren und fertigbacken.

1 Portion (⅛ der Rezeptmenge) enthält:
Brennwert: 397 kcal
Fett: 30,29 g
Eiweiß: 4,53 g
Kohlenhydrate: 25,03 g

Desserts und Süßspeisen

Schafsfrischkäse mit Honig und Schilcheräpfeln

4 Äpfel, geschält, Kerngehäuse entfernt
½ l Blauer Wildbacher
50 g Zucker
25 g Honig
1 Thymianzweig
1 TL Pfefferkörner
3 Pimentkörner
1 Lorbeerblatt
4 Strudelteigblätter, tiefgekühlt oder fertig
je 1 TL helle und dunkle Sesamkörner
1 Ei, verquirlt
150 g Schafsfrischkäse
150 g Schafstopfen
150 g Butter
Salz
Pfeffer

Blauen Wildbacher, Zucker, Honig und Gewürze aufkochen, Äpfel hineingeben und langsam weich ziehen lassen. Äpfel herausnehmen und in Spalten schneiden. Die Butter cremig schlagen, mit Käse und Topfen glatt verrühren und abschmecken. Den Strudelteig in Rechtecke schneiden, mit Ei bestreichen und mit Sesam bestreuen. Bei ca. 160 °C im Backrohr goldgelb backen. Die gebackenen Strudelblätter und die Käsecreme drei- bis viermal übereinanderschichten und mit den Äpfeln und etwas eingekochtem Sud servieren.

1 Portion enthält:
Brennwert: 1387 kcal
Fett: 86,45 g
Eiweiß: 17,64 g
Kohlehydrate: 129,41 g

Kräuter-Schilcher-Gelee

1 l Schilcher
1 kg Gelierzucker
1 Hand voll frische Kräuter (Basilikum, Estragon, Thymian, Borretsch, Bohnenkraut, Rosmarin, Ysop, Kerbel etc.)

Den Schilcher mit dem Gelierzucker in einem Topf bis zur Gelierprobe kochen. Dann den Topf vom Herd nehmen und die Kräuter einrühren. Sofort in kleine Gläser füllen und verschließen. Dieses Gelee passt gut zu kaltem Braten, Schinkenspezialitäten, Geflügel, kräftigen Fleischpasteten und Würsten, besonders aber auch in Kombination mit Schafskäse.

1 Portion ($^1/_{24}$ der Rezeptmenge) enthält:
Brennwert: 169 kcal
Fett: 0,00 g
Eiweiß: 0,00 g
Kohlenhydrate: 41,25 g

Schilcherkeks

600 g Mehl
600 g Butter, kalt, gewürfelt
7 EL Schilcher
1 Pkg. Vanillezucker
Powidl
Zimt
Staubzucker

Mehl, Butter, Schilcher und Vanillezucker zu einem Mürbteig verkneten und eine halbe Stunde im Kühlschrank rasten lassen. Dann ca. ½ cm dick ausrollen und Kekse in beliebiger Form ausstechen. Jeweils in die Mitte etwas Powidl geben und mit einem zweiten Stück zudecken. Die Kekse bei 200 °C hell backen. Noch warm in einem Zimt-Staubzuckergemisch wälzen.

1 Portion ($^1/_{12}$ der Rezeptmenge) enthält:
Brennwert: 588 kcal
Fett: 42,10 g
Eiweiß: 5,67 g
Kohlenhydrate: 44,47 g

Schilcherkuchen

Gewidmet vom Peiserhof, Familie Strohmeier, Eibiswald

250 g Staubzucker
4 Dotter
4 Eiklar, steif geschlagen
⅛ l Schilcher
⅛ l Öl
250 g Mehl
1 TL Zimt
1 EL Kakao
½ Pkg. Backpulver
100 g Schokolade
¼ l Schlagrahm, geschlagen

Glasur:
Staubzucker, Schilcher

Dotter, Staubzucker und die Hälfte des Schilchers schaumig rühren. Das Öl in den Abtrieb einschlagen. Mehl mit den anderen Zutaten vermischen und mit dem Schnee und dem restlichen Wein unter den Abtrieb heben. Bei Mittelhitze goldgelb backen.
Mit der Schilcherglasur überziehen und mit Schlagrahm servieren.

1 Portion ($^1/_{12}$ der Rezeptmenge) enthält:
Brennwert: 374 kcal
Fett: 17,89 g
Eiweiß: 5,90 g
Kohlenhydrate: 45,48 g

Desserts und Süßspeisen

Nusspudding mit Schilcherschaum

Gewidmet vom Peiserhof, Familie Strohmeier, Eibiswald

Nusspudding:
80 g Butter
80 g Zucker
3 Eier
1 EL Maizena
1 EL Milch
Zimt
Zitronenschale
100 g Nüsse
70 g Brösel, mit Schilchertresterbrand befeuchtet

Schilcherschaum:
¼ l Schilcher
80 g Zucker
4 Dotter
Zimt

Einen Abtrieb aus Butter, Zucker und Dottern bereiten. Maizena, Milch, Zimt, Zitronenschale, Nüsse und Brösel untermischen und den Eischnee unterheben.
Eine Dunstkochform gut befetten und mit Kristallzucker ausstreuen. Masse in der gut geschlossenen Form im Wasserbad eine Stunde kochen.

Für den Schilcherschaum alle Zutaten über Dampf dickschaumig schlagen.

Den Pudding auf eine vorgewärmte Platte stürzen und sofort mit Schilcherschaum servieren.

1 Portion enthält:
Brennwert: 477 kcal
Fett: 23,12 g
Eiweiß: 8,62 g
Kohlenhydrate: 56,66 g

Weintraubenknödel

Erdäpfelteig:
300 g mehlige Erdäpfel
100 g griffiges Mehl
30 g Grieß
2 Dotter
1 Prise Muskatnuss, fein gemahlen
Mehl zum Ausrollen
Salz
Pfeffer

Fülle und Sauce:
¼ l Schilcher
30 große Isabellatrauben, halbiert, entkernt
4 Stk. Würfelzucker
2 EL Zucker
6 EL Schilchertrauben, entkernt
Butter
Staubzucker
Minzeblätter

1 Portion enthält:
Brennwert: 317 kcal
Fett: 5,52 g
Eiweiß: 7,38 g
Kohlenhydrate: 58,00 g

Die geschälten und weich gekochten Erdäpfel noch warm passieren und mit den restlichen Zutaten auf dem bemehlten Nudelbrett zu einem festen Teig verkneten. Ca. eine halbe Stunde in Rollenform rasten lassen. Danach kann er gut weiterverarbeitet werden.

Für die Sauce den Zucker in Butter leicht karamellisieren, die Schilchertrauben dazugeben, mit dem Schilcher ablöschen und etwas reduzieren lassen.

Jeweils 4 bis 5 Isabellatrauben – bekommt man auf Anfrage sicherlich bei einem Weinbauern oder auf den steirischen Bauernmärkten – auf flach gedrückten Erdäpfelteigscheiben mit jeweils einem halben Zuckerwürfel legen und zu Knödeln formen. Ca. 10 Minuten in Salzwasser kochen. Dann leicht angezuckert mit der Sauce und Minzeblättern garniert servieren.

Schilcherpalatschinken mit Waldbeerensauce

Schilcherpalatschinken:
160 g Mehl
1/8 l Schilcher, halbtrocken
50 ml Mineralwasser
1 EL Schlagrahm
1 Pkg. Vanillezucker
2 Eiklar, steif geschlagen
2 Dotter
1/4 l Schlagrahm
Öl
Salz

Sauce:
60 g Zucker
1/8 l Schilcher, halbtrocken
1/2 TL Orangenschalen, gerieben
200 g Waldbeeren
1/8 kg Mascarpone
2 EL Schilcherlikör

Alle Zutaten zu einem Schilcherpalatschinkenteig verrühren, Eischnee unterheben und aus dem Teig dünne Palatschinken backen.
Für die Sauce Zucker ankaramellisieren und mit dem Schilcher aufgießen. Orangenschalen und Waldbeeren dazugeben und ca. 2 Minuten köcheln lassen. Auskühlen lassen und handwarm Mascarpone und Schilcherlikör unterrühren. Palatschinken mit der Sauce und geschlagenem Schlagrahm anrichten.

1 Portion enthält:
Brennwert: 648 kcal
Fett: 44,60 g
Eiweiß: 9,49 g
Kohlenhydrate: 48,89 g

Desserts und Süßspeisen

Schilcherweinkoch

½ l Schilcher
½ kg Zucker
5 Eier
600 g Mehl
1 Pkg. Backpulver
2 Zimtstangen
Gewürznelken

1 Portion enthält:
Brennwert: 1091 kcal
Fett: 5,76 g
Eiweiß: 20,60 g
Kohlehydrate: 231,51 g

Die Hälfte des Schilchers mit Zimt, Gewürznelken und 100 g Zucker aufkochen. Den restlichen Zucker mit den Eiern schaumig rühren. Restlichen Schilcher, Mehl und Backpulver einrühren und in zwei länglichen Modeln im Backrohr goldbraun backen. Die lauwarme Masse mit dem süßen, gewürzten Schilcher begießen und servieren.

Schilchermuffins mit Beeren

175 g Butter
150 g Staubzucker
½ TL Zitronenzesten
Salz
3 Eier
250 g Dinkelmehl
½ Pkg. Backpulver
80 ml Schilcher, halbsüß
4 EL Dinkelflocken (oder Haferflocken)
250 g Beeren der Saison

1 Portion enthält:
Brennwert: 807 kcal
Fett: 41,85 g
Eiweiß: 13,83 g
Kohlehydrate: 89,91 g

Butter mit Staubzucker, Zitronenzesten und einer Prise Salz flaumig rühren und die Eier nach und nach unterrühren. Mehl und Schilcher zur Masse dazugeben und nochmals durchrühren. Zuletzt die Flocken und die Beeren unterheben. Den Teig in Muffinförmchen bei 180 °C ungefähr 25 Minuten backen. Die Muffins eignen sich auch gut zum Einfrieren.

Schilcherecken mit Duftgeranien

200 g Butter
100 g Staubzucker
100 g Kristallzucker
4 Dotter
4 Eiklar
¼ l Schilcher, halbsüß
400 g Mehl
1 Pkg. Backpulver
4 EL fruchtige Duftgeranien, fein gehackt
1 Becher Schokoladeglasur
Walnusshälften

Butter mit Staubzucker und Dotter schaumig rühren. Die Hälfte des Mehles und den Schilcher dazurühren. Eiklar mit Kristallzucker steif schlagen und mit dem restlichen Mehl unterheben. Zuletzt die Duftgeranien untermischen. Backblech mit Backpapier auslegen, die Masse gleichmäßig darauf verteilen und bei 170 °C backen. Auskühlen lassen, mit Schokoladeglasur überziehen und in Dreiecke schneiden. Mit Walnusshälften garnieren.

1 Portion (⅛ der Rezeptmenge) enthält:
Brennwert: 656 kcal
Fett: 36,13 g
Eiweiß: 10,71 g
Kohlehydrate: 68,94 g

Schilchergelee-Kürbiskern-Kuchen mit Schilchersabayon

Gewidmet von der Weinkellerei Ing. Johannes & Luise Jöbstl, Schilcherberg/Wernersdorf

Kuchen:
5 Dotter, 5 Eiklar
50 g Zucker
2 MS Zimt, gemahlen
100 g Zucker
100 g Mehl
120 g Kürbiskerne, gerieben
20 g Öl
200 g Schilchergelee
Vanillezucker
Schale von 1 Zitrone
Staubzucker, Salz

Schilchersabayon:
1/8 l Schilcher
4 Dotter
80 g Zucker
1/2 TL Vanillezucker

1 Portion enthält:
Brennwert: 777 kcal
Fett: 27,40 g
Eiweiß: 11,28 g
Kohlehydrate: 117,74 g

Dotter mit 50 g Zucker, 1 EL Wasser, Vanillezucker, einer Prise Salz und der geriebenen Zitronenschale schaumig rühren. Eiklar mit 100 g Zucker steif schlagen und nach und nach unterheben. Kürbiskerne mit Mehl gut vermengen und ebenfalls vorsichtig unter die Masse heben. Dann das Öl einrühren. Die Masse auf ein tiefes Backblech, mit Backpapier ausgelegt oder gebuttert, streichen und das Schilchergelee – leicht erwärmt und evtl. mit etwas Wasser verdünnt – gleichmäßig darauf verteilen. Im vorgeheizten Backrohr bei 170 °C eine knappe Stunde backen. Danach auskühlen lassen. Ergibt ca. 16 Portionen.
Für den Sabayon alle Zutaten über nicht zu heißem Dampf cremig aufschlagen und zum Kuchen servieren.

Schilchersturmtorte mit Weingartenpfirsichen

Teig:
125 g Butter
125 g Zucker
250 g Mehl
1 Ei
1 Pkg. Vanillinzucker
1/2 Pkg. Backpulver

Belag:
1 kg Weingartenpfirsiche, geschält, entkernt, in Spalten geschnitten,
3/4 l Schilchersturm
2 Pkg. Vanillepudding
200 g Zucker
1/4 l Schlagrahm, geschlagen
Zimt

Alle Zutaten zu einem Mürbteig verkneten und eine Tortenform damit auskleiden. Pfirsiche darauf gleichmäßig verteilen.
Den Schilchersturm mit Puddingpulver und Zucker aufkochen und über die Pfirsiche geben. Bei ca. 180 °C etwa eine Stunde backen. Abkühlen lassen, mit Schlag bestreichen und mit Zimt bestreuen. Ergibt ca. acht Portionen.

1 Portion (1/12 der Rezeptmenge) enthält:
Brennwert: 357 kcal
Fett: 11,44 g
Eiweiß: 3,93 g
Kohlehydrate: 57,58 g

Desserts und Süßspeisen

Schilcher-Grießflammerie

250 g Milch
250 g Schilcher, halbsüß
80 g Weizengrieß
2 EL Mehl
70 g Kristallzucker
je 1 TL Orangen- und Zitronenzesten
4 Blatt Gelatine, eingeweicht, ausgedrückt
400 g Schlagrahm

Schilcher mit Mehl verrühren und mit Milch, Zucker und mit den Zitronen- und Orangenzesten aufkochen, den Grieß langsam einrühren und kurz ziehen lassen. Die Gelatine unter die heiße Masse rühren, danach das Ganze abkühlen, aber nicht stocken lassen. Nun den geschlagenen Schlagrahm unterrühren. In passende Formen füllen und gute 3 Stunden kalt stellen.

1 Portion enthält:
Brennwert: 273 kcal
Fett: 2,59 g
Eiweiß: 21,61 g
Kohlehydrate: 39,23 g

Schilchertorte im Nebel

Rezept von Michael Nebel, Mosaik-Konditorei Deutschlandsberg

8 Eiklar
180 g Kristallzucker
8 Dotter
150 g Walnüsse, gerieben
150 g Kürbiskerne, gerieben
100 g Mehl
1 Pkg. Vanillezucker
1 MS Backpulver
½ l Schilcher
½ l Läuterzucker
¼ l Schlagrahm, geschlagen

1 Portion (¹/₁₂ der Rezeptmenge) enthält:
Brennwert: 428 kcal
Fett: 22,39 g
Eiweiß: 5,65 g
Kohlehydrate: 47,97 g

Für den Läuterzucker ½ l Wasser mit 250 g Zucker aufkochen und auskühlen lassen.
Eiklar und Kristallzucker steif aufschlagen und mit den Dottern verrühren. Walnüsse, Kürbiskerne, Mehl, Vanillezucker und Backpulver gut miteinander vermischen und unter die Masse heben. Diese in eine Tortenspringform geben und mit gleicher Ober- und Unterhitze bei ca. 170 °C eine knappe Stunde backen.
Die Torte auskühlen lassen und einen Tag oder auch länger stehen lassen. Das Ganze in eine hohe Kasserolle stellen und Schilcher und Läuterzucker darübergießen. Wiederum einen halben Tag ziehen lassen. Die Torte nun mit Schlagrahm oder einer Schilchercreme dünn umgeben und mit Nuss- und Kürbiskernen bestreuen.

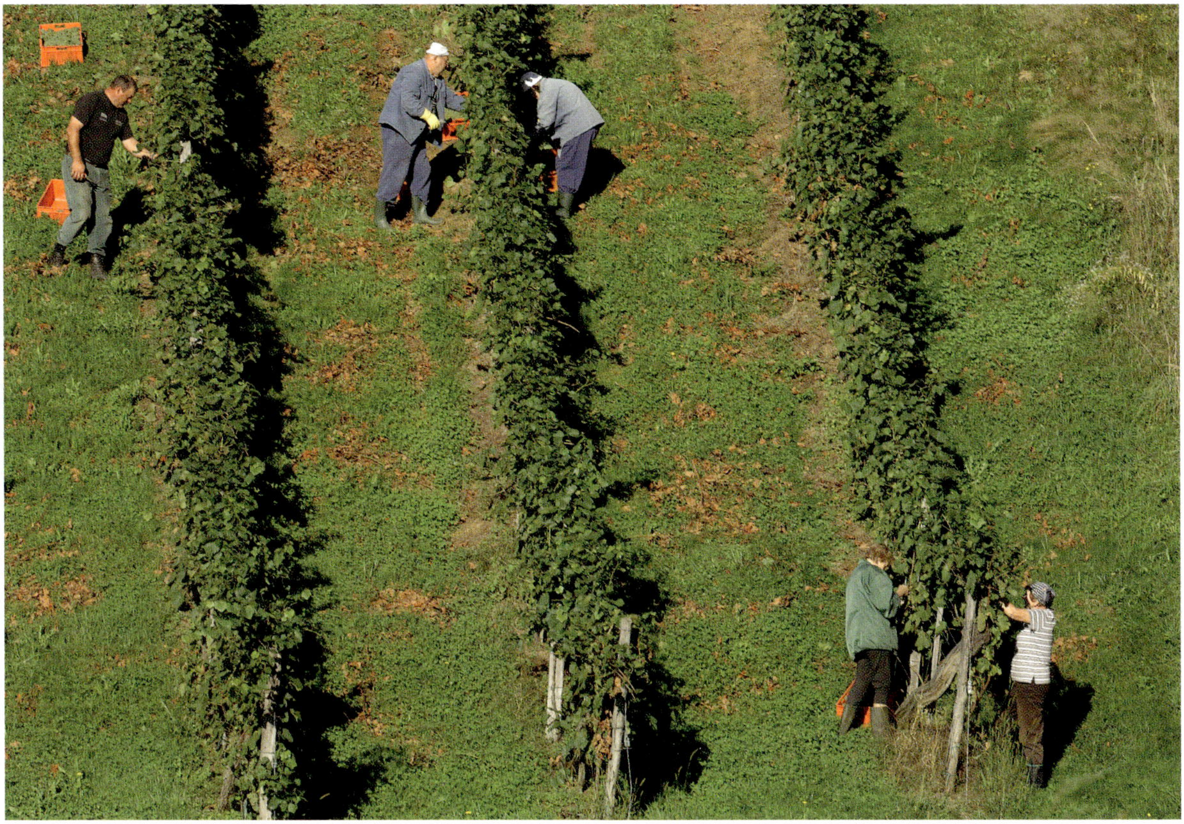

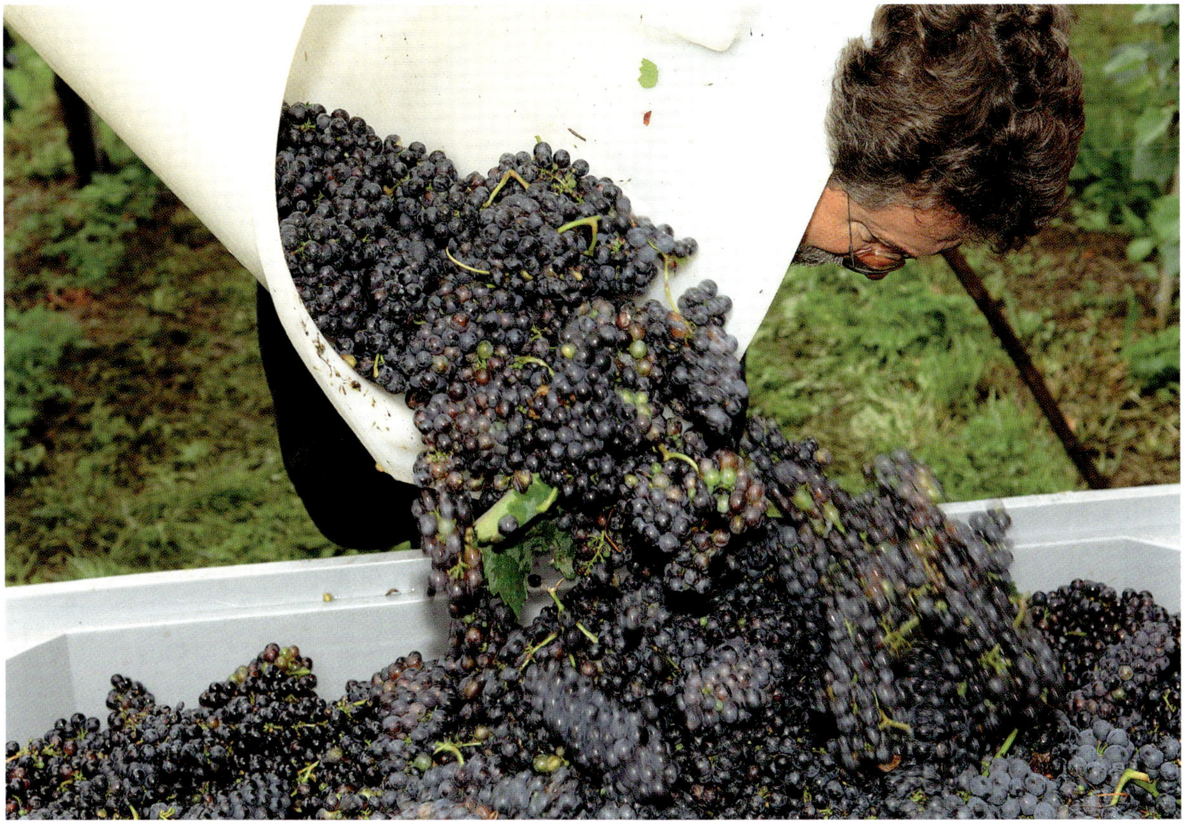

Schilcherstrauben

Gewidmet vom Weinbau/Buschenschank Glirsch, Familie Krottmayer, Eibiswald

250 g Mehl, glatt
1 Ei
2 Dotter
1 EL Staubzucker
¹/₂ Pkg. Vanillezucker
1 EL Schlagrahm
1 EL Schilcherbrand oder Schilcherlikör
¹/₁₆ l Schilcher
Butterschmalz
Staubzucker
Salz

Aus Mehl, Ei, Dotter, Staubzucker, Vanillezucker, Salz, Schlagrahm, Schilcherbrand und Schilcher einen festen Teig kneten. Mit einem Tuch bedeckt rund eine halbe Stunde rasten lassen. Auf einer leicht bemehlten Arbeitsfläche mit dem Nudelwalker sehr dünn ausrollen. Rechtecke ausradeln oder ausschneiden, die Teigstücke jeweils in der Mitte mit zwei, drei Schnitten einschneiden und die Streifen ineinander ziehen. Nun im heißen Butterschmalz ausbacken, danach auf Küchenkrepp abtropfen lassen.
Die noch warmen Strauben mit Staubzucker bestäuben und gleich servieren. Dazu reicht man ein Glas halbtrockenen bis halbsüßen Schilcher.

1 Portion enthält:
Brennwert: 482 kcal
Fett: 18,50 g
Eiweiß: 9,60 g
Kohlehydrate: 67,18 g

Schilcher Triet

Gewidmet vom Buschenschank Familie Haring vlg. Pichlippi, Eibiswald

500 g Mehl
400 g Zucker
8 Eier
100 g Butter

Gewürzschilcher:
¹/₄ l Schilcher, halbtrocken
2 Pkg. Vanillezucker
Schale von 1 Zitrone, gerieben
Zimt
Gewürznelken

Zuerst die Eier mit Zucker und Vanillezucker schaumig rühren, dann das Mehl langsam unterheben. Die Masse gleichmäßig ca. 2 cm dick auf ein gebuttertes Backblech streichen. Eine schwache halbe Stunde im Backrohr bei 160 °C backen. Die erkaltete Masse in Stücke schneiden und vor dem Anrichten nochmals aufbähen. Dann mit dem heißen Gewürzwein, aus den obigen Zutaten bereitet, übergießen und gleich oder auch erkaltet genießen.

1 Portion enthält:
Brennwert: 1143 kcal
Fett: 29,02 g
Eiweiß: 21,10 g
Kohlehydrate: 193,76 g

Desserts und Süßspeisen

Schneenockerln mit Schilchercreme

Gewidmet vom Buschenschank Familie Haring vlg. Pichlippi, Eibiswald

4 Eiklar, steif geschlagen

Schilchercreme:
4 Dotter
¼ l Schilcher
2 EL Zitronensaft
3 TL Stärke
4 EL Zucker
1 Pkg. Vanillezucker

2 EL Mandelblättchen

Dotter mit Wein, Zitronensaft, Stärke, und 3 EL Zucker im Wasserbad fest schaumig schlagen. Dann im Eiswasser weiterrühren, bis die Creme kalt ist und kühl stellen.
In den Eischnee den restlichen Zucker und den Vanillezucker einrühren, dann mit einem Esslöffel Nockerln formen, im Zuckerwasser kochen und mit der Sauce servieren. Man kann die Nockerln aber auch in einer feuerfesten Form auf die Sauce setzen, mit Mandelblättchen bestreuen und bei 220 °C im Backrohr 4 bis 5 Minuten überbacken.

1 Portion enthält:
Brennwert: 162 kcal
Fett: 3,57 g
Eiweiß: 3,98 g
Kohlehydrate: 27,63 g

Marillenbuchteln
mit Schilcher-
Pflaumen-Parfait

157

Marillenbuchteln mit Schilcher-Pflaumen-Parfait

Foto Seite 156

Buchteln:
500 g Mehl, glatt
40 g Germ
100 g Kristallzucker
120 g Butter
¼ l lauwarme Milch
2 Dotter
2 Eier
2 EL Vanillezucker
Schale von 1 Zitrone
200 g Butter, flüssig
Staubzucker
Salz

Fülle:
400 g Marillen, in grobe Würfel geschnitten
200 g Zucker
etwas Rosmarin

Schilcher-Pflaumen-Parfait:
½ l Schilcher
Vanilleschote
2 Dörrpflaumen
200 g Zucker
12 Dotter, verrührt
200 g Butter, weich

1 Portion (1/12 der Rezeptmenge) enthält:
Brennwert: 761 kcal
Fett: 41,44 g
Eiweiß: 11,88 g
Kohlehydrate: 81,95 g

Für das Schilcher-Pflaumen-Parfait den Schilcher mit einer aufgeschnittenen Vanilleschote und den Dörrpflaumen einen Tag ziehen lassen. Dann aufkochen. Zucker und Dotter verrühren, die Schilchermischung heiß dazugeben, abseihen und abkühlen lassen.
Wenn die Masse lauwarm ist, mit der weichen Butter montieren. Dann weiter abkühlen lassen und im Tiefkühlfach frieren.

Für die Fülle den Zucker in einer Pfanne leicht karamellisieren, die Marillen und etwas Rosmarin dazugeben, durchschwenken und gleich kalt stellen.

Für den Teig die Germ in warmer Milch auflösen, mit etwas Mehl verrühren, leicht stauben und zugedeckt an einem warmen Ort gehen lassen. Butter erwärmen und mit den restlichen Zutaten gut mit dem Dampfl vermengen. Den Teig kräftig schlagen, bis sich der Teig von der Schüssel löst. Wieder ein bisschen stauben und den Teig zugedeckt eine gute Viertelstunde rasten lassen.
Dann den Teig auf der bemehlten Arbeitsfläche ausrollen und rund oder eckig ausstechen. Die Teigstücke mit dem Marillenragout füllen, zusammenfalten und gut verschließen. Kurz in die flüssige Butter tauchen und mit der glatten Fläche nach oben in die Pfanne schlichten. Damit die Buchteln schön flaumig werden, am besten nochmals an einem warmen Ort eine halbe Stunde gehen lassen. Dann für eine halbe Stunde in das mit 180 °C vorgeheizte Backrohr schieben. Nach einer Viertelstunde nochmals mit Butter bestreichen und fertigbacken. Mit Staubzucker bestreuen und mit dem Schilcher-Pflaumen-Parfait servieren.

Desserts und Süßspeisen

Schilchercreme

Gewidmet vom Weingut Thomas und Margaretha Strohmaier, Pölfing-Brunn

½ l Schilcher, Spätlese
125 g Zucker
2 Eier
1 Pkg. Vanillezucker
¼ l Schlagrahm, geschlagen
4 EL kernlose Trauben

1 Portion enthält:
Brennwert: 248 kcal
Fett: 1,77 g
Eiweiß: 2,00 g
Kohlehydrate: 54,56 g

Alles, bis auf den Schlagrahm, kalt verrühren, dann kurz aufkochen lassen und vom Herd nehmen. Während des Erkaltens Schlagrahm unterziehen. Die Creme kann kalt oder warm serviert werden. Beim Servieren mit Trauben anrichten.

Rhabarber-Schilcher-Creme

250 g Rhabarber, geschält, in kleine Stücke geschnitten
100 g Zucker
1 TL Stärke
3 Dotter
⅛ l Schilcher, halbtrocken
4 TL Sauerrahm

1 Portion enthält:
Brennwert: 230 kcal
Fett: 3,59 g
Eiweiß: 1,59 g
Kohlehydrate: 51,54 g

Den Rhabarber in wenig gezuckertem Wasser weich kochen. Danach abseihen, passieren und kühl beiseite stellen. Dotter mit Zucker und Stärke verrühren, den Wein dazugeben und im Wasserbad schaumig rühren. Das Rhabarberpüree unterziehen und das erfrischende Dessert ist fertig. Mit einem Sauerrahmhäubchen servieren.

Avocado-Weincreme

2 Avocados, halbiert, entkernt
200 ml Schilcher
1 Zitrone
75 g Zucker
300 g Weintrauben, gewaschen, halbiert, entkernt, einige ganz lassen

Das Avocadofleisch vorsichtig herauslösen, sodass nur mehr ein halber Zentimeter Frucht an den Schalen bleibt. Das Fruchtfleisch durch ein Sieb streichen und den Schilcher mit Zitronensaft und Zucker dazugeben. Mit dem Schneebesen glänzend verrühren und kühl stellen. Traubenhälften in die Avocadoschalen füllen und die Creme darauf verteilen. Mit den ganzen Trauben garnieren und gut gekühlt servieren.

1 Portion enthält:
Brennwert: 496 kcal
Fett: 37,96 g
Eiweiß: 3,91 g
Kohlehydrate: 33,04 g

Schilcher Erdbeersulz

Gewidmet vom Weinbau/Obstbau Linde & Martin Jöbstl, Eibiswald-Aibl

5 Blatt Gelatine, eingeweicht, ausgedrückt
1/2 l Schilcher
80 g Kristallzucker
350 g Erdbeeren, halbiert
3 EL Nüsse, grob gehackt
Schlagrahm
Minze
Zitronemelisse

Den Schilcher mit dem Zucker einige Minuten erwärmen, Gelatineblätter hinzufügen und die Flüssigkeit abkühlen, aber noch nicht gelieren lassen. Eine geeignete Form mit den Erdbeeren füllen, mit den Nüssen bestreuen und die Gelatinemasse darübergießen. Die Form dann für mehrere Stunden in den Kühlschrank stellen. Sobald die Sulz fest geworden ist, die Form kurz in sehr heißes Wasser stellen und gleich stürzen. In ca. 1 cm dicke Scheiben schneiden und mit Schlagrahm sowie Minze oder Zitronenmelisse garniert servieren.

1 Portion enthält:
Brennwert: 274 kcal
Fett: 5,97 g
Eiweiß: 27,31 g
Kohlehydrate: 26,44 g

Desserts und Süßspeisen

Äpfel in Schilchergelee

½ l Schilcher
4 Äpfel, geschält, Kerngehäuse entfernt
Schale von 1 Zitrone, unbehandelt
6 Blätter Gelatine, kalt eingeweicht
½ Zimtstange
4 TL Schilchergelee, mit 1 EL Mandeln, gehackt, und 1 EL Rosinen vermischt
75 g Zucker, ¼ l Milch
1 Pkg. Vanillesaucenpulver
1 EL Zucker, 1 Dotter
¼ l Schlagrahm
1 EL Pistazien, gehackt

1 Portion enthält:
Brennwert: 584 kcal
Fett: 13,37 g
Eiweiß: 32,55 g
Kohlehydrate: 80,78 g

Zitronenschalen mit Wein und der halben Zimtstange aufkochen und die Äpfel hineingeben. Dann ca. 10 Minuten auf kleiner Flamme dünsten. Zitronenschale und Zimtstange herausnehmen, Zucker und die Gelatine unterrühren. Die abgetropften Äpfel in vier passende Gefäße legen und mit der Mischung aus Schilchergelee, Mandeln und Rosinen füllen. Flüssigkeit darübergießen und im Kühlschrank fest werden lassen. Als Dessert servieren.

Dirndln in Blauem Wildbacher

1 kg Dirndln (Kornelkirschen)
750 g Einmachzucker
¼ l Blauer Wildbacher
30 ml Orangenlikör
Saft von 2 Orangen

Dirndln einige Tage abliegen lassen, damit sie voll reif und weich sind. Im Wein gar kochen und abseihen. Den Wein mit Zucker und Orangensaft dick einkochen und anschließend wieder über die Früchte gießen. Orangenlikör dazugeben, Einmachgläser damit voll füllen und luftdicht verschließen. Die Dirndln sind dann einige Monate haltbar. Passen gut zu Käse oder Gegrilltem.

1 Portion (⅛ der Rezeptmenge) enthält:
Brennwert: 479 kcal
Fett: 0,14 g
Eiweiß: 3,16 g
Kohlehydrate: 113,76 g

Kürbiskernmousse mit Schilcherschaum

2 Blatt Gelatine, eingeweicht, ausgedrückt
¼ l Schlagrahm
40 g Kürbisskerne, gerieben
2 TL Schilcher Hefebrand
2 TL Eierlikör, 25 g Zucker
Saft von ½ Zitrone
Kürbiskernöl, Minzblätter

Schilcherschaum:
¼ l Schilcher, halbsüß
2 EL Zucker
1/16 l Schlagrahm, steif geschlagen
1/16 l Joghurt

1 Portion enthält:
Brennwert: 288 kcal
Fett: 14,85 g
Eiweiß: 12,29 g
Kohlehydrate: 25,42 g

Für die Mousse Schlagrahm und die restlichen Zutaten gut verrühren. Einige Stunden kühl durchziehen lassen.
Für den Schilcherschaum Schlagrahm, Joghurt, Zucker und Schilcher erst kurz vor dem Anrichten schaumig rühren, damit sich der Schilcher nicht absetzt. Die Schilcherschaumcreme anrichten, Mousse in Nockerlform ausstechen und auf die Creme setzen, mit Kürbiskernöl beträufeln und mit gerösteten Kürbiskernen und Minzeblättern garniert servieren.

Kürbiskern-Zwieback mit Schilcher Eiswein

4 Eier
500 g Zucker
500 g Mehl
1 Pkg. Germ
500 g Kürbiskerne
Schilcher Eiswein

Die Eier und den Zucker schaumig schlagen, Mehl, Germ und Kürbiskerne unterrühren und zugedeckt an einem wohltemperierten Ort gehen lassen.

Aus dem Teig ca. 3 bis 4 cm dicke Rollen formen und auf ein gebuttertes und mit Mehl bestaubtes Backblech legen. Bei 180 °C im Backrohr eine Dreiviertelstunde lang backen. Herausnehmen und abkühlen lassen. Mit einem scharfen Messer die Rollen in etwa 1 cm dicke Stücke schneiden und im ausgeschalteten Backrohr weiter trocknen. Dieser Zwieback schmeckt hervorragend mit Schilcher Eiswein oder Schilcher Trockenbeerenauslese.

1 Portion ($1/12$ der Rezeptmenge) enthält:
Brennwert: 527 kcal
Fett: 22,49 g
Eiweiß: 7,31 g
Kohlehydrate: 71,24 g

Desserts und Süßspeisen

B'soffener Kapuziner (Schilcherpudding)

Gewidmet vom Kirchenwirt Mauthner, Wies

4 Eier
150 g Staubzucker
Vanillezucker nach Geschmack
100 g Brösel
2 EL Schilcherbrand
100 g geriebene Haselnüsse
1 TL geriebene Zitronenschale
1 TL Backpulver
2 EL Mehl

¼ l Schlagrahm, geschlagen

Glühwein:
¾ l Schilcher, halbsüß
¼ l Wasser
2 EL Zucker
Zimt, Gewürznelken

Dotter und Zucker schaumig rühren. Eischnee schlagen und mit den übrigen Zutaten gemischt unter den Abtrieb rühren. Masse in eine gebutterte und mit Bröseln ausgestreute Form füllen. Bei ca. 200 °C backen und auskühlen lassen.
Für den Glühwein alle Zutaten aufkochen lassen, abseihen und vor dem Servieren heiß über den Kuchen gießen. Mit Schlagrahm servieren.

1 Portion enthält:
Brennwert: 621 kcal
Fett: 25,95 g
Eiweiß: 11,98 g
Kohlehydrate: 81,80 g

B'soffene Birne

Gewidmet vom Weinbau/Obstbau Linde & Martin Jöbstl, Eibiswald-Aibl

4 Birnen, geschält, halbiert, Kerngehäuse entfernt
1/4 l Schilcher, halbsüß
1 Pkg. Vanillepuddingpulver
40 g Ribiselmarmelade
4 EL Zucker
1/2 l Milch
Schilcherlikör
1/4 l Schlagrahm, geschlagen

Birnenhälften mit 3 EL Zucker im Schilcher weich dünsten und jeweils zwei Hälften auf einen Teller legen. Danach in die Kerngehäusegruben Ribiselmarmelade einfüllen. Vanillepudding nach Packungsanleitung zubereiten und noch warm über die Birnenhälften geben und kalt stellen. Mit Schlagrahm und ein paar Tropfen Schilcherlikör anrichten

1 Portion enthält:
Brennwert: 319 kcal
Fett: 11,82 g
Eiweiß: 7,13 g
Kohlehydrate: 44,83 g

Geeister Schilcherschaum

Gewidmet von Weinbau Christian Jauk, Pölfing-Brunn

4 Dotter
50 g Zucker
1/8 l Schilcher
1/4 l Schlagrahm
1 Prise Zimt

Dotter mit Zucker über Dampf zu einer festen Creme schlagen. Langsam den Wein zufügen und weiterschlagen. Dann ins kalte Wasserbad stellen und weiter kalt rühren. Den geschlagenen Schlagrahm unterziehen. Die Masse nun in eine mit Klarsichtfolie ausgelegte Kastenform gießen und ins Gefrierfach geben. Beim Anrichten in Scheiben schneiden und mit Zimt bestreuen. Mit einem Waldbeerspiegel schmeckt's noch einmal so gut.

1 Portion enthält:
Brennwert: 176 kcal
Fett: 9,97 g
Eiweiß: 5,69 g
Kohlehydrate: 15,22 g

Desserts und Süßspeisen

Sorbet vom Blauen Wildbacher

½ l Blauer Wildbacher
Schale und Saft von 1 Zitrone
Schale und Saft von 1 Orange
Zimtrinde
Gewürznelken
180 g Zucker
½ Bd. Pfefferminze, ein Teil fein geschnitten

Zitronen- und Orangensaft und -schalen mit dem Wein, einer Zimtrinde, Gewürznelken und Zucker 3 Minuten aufkochen. Zimt und Gewürznelken herausnehmen, die Flüssigkeit seihen, fein geschnittene Minzblätter unterheben und in einer Gefrierform ins Tiefkühlfach stellen. Von Zeit zu Zeit durchrühren, damit schöne, kleine Eiskristalle entstehen. Portionsweise mit Minzeblättern garniert bei einer Menüabfolge zwischendurch oder als Dessert servieren.

1 Portion enthält:
Brennwert: 226 kcal
Fett: 0,29 g
Eiweiß: 1,06 g
Kohlehydrate: 53,73 g

Flambiertes Erdäpfeleis mit Himbeersauce

3 mehlige Erdäpfel, geschält, in Scheiben geschnitten
20 g Butter
400 ml Schilchertraubensaft
300 ml Wasser
120 g Feinkristallzucker
1 EL Schilcherbrand
1 MS Zimt
1/8 l Schlagrahm

Himbeersauce:
250 g Himbeeren, passiert
1/4 l Blauer Wildbacher
1 EL Zitronensaft
2 EL Zucker
4 TL Rum, 80 %

Die Erdäpfelscheiben in heißer Butter anschwitzen, mit Traubensaft und Wasser aufgießen und zugedeckt eine gute Viertelstunde kochen lassen. Vom Herd nehmen und mit Zucker, Schilcherbrand, Zitronensaft, Zimt und Schlagrahm vermischen. Mit einem Stabmixer pürieren, durch ein feines Sieb in eine flache Schüssel passieren und ins Gefrierfach geben. Von Zeit zu Zeit durchrühren, bis es fest und cremig ist.

Den Wein für die Sauce auf ein Drittel einkochen, Zucker und Zitronensaft dazugeben und mit den passierten Himbeeren aufkochen. Ungefähr fünf Minuten köcheln und dann auskühlen lassen.

Das Eis auf gekühlten Tellern anrichten und mit Himbeersoße umgießen. Rum erhitzen und das Erdäpfeleis damit flambieren. Sofort servieren.

1 Portion enthält:
Brennwert: 426 kcal
Fett: 10,97 g
Eiweiß: 4,17g
Kohlehydrate: 76,06 g

Schilcher Kürbisbowle

Gewidmet von der Weinkellerei Ing. Johannes & Luise Jöbstl, Schilcherberg/Wernersdorf

1 mittelgroßer Kürbis (Muskat- oder Hokaidokürbis)
1 kg Zucker
2 l Schilcher
1 Flasche Schilchersekt
1 EL Schilcherlikör
Zitronenmelisse

Den Zucker mit 1 l Wein zu Wein-Läuterzucker verkochen. Den Kürbis ungefähr bei einem Drittel durchschneiden und den größeren Teil aushöhlen. Kerne und das weiche Fruchtfleisch weggeben. Das feste Fruchtfleisch würfeln oder mit einem Parisienne-Stecher zu kleinen Kugeln ausstechen. Die Kürbisstücke im Wein-Läuterzucker bissfest kochen und auskühlen lassen. Den ausgehöhlten Kürbis mit dem Schilcherlikör ausschwenken, dann alle Zutaten in den ausgehöhlten Kürbis hineingeben und kühl stellen. Beim Servieren mit einem Zweigerl Zitronenmelisse anrichten.

1 Portion (1 Glas, 1/12 der Rezeptmenge) enthält:
Brennwert: 363 kcal
Fett: 0,11 g
Eiweiß: 0,92 g
Kohlehydrate: 87,43 g

Desserts und Süßspeisen

Schilcherparfait in der Hippe

Gewidmet von der Weinkellerei Ing. Johannes & Luise Jöbstl, Schilcherberg/Wernersdorf

1/4 l Sauerrahm
200 g Staubzucker, gesiebt
200 ml Schlagrahm, geschlagen
Saft von 1 Orange
1/8 l Schilcher, halbsüß
1 TL Vanillezucker
1 TL Zimt

Für die Hippen:
100 g Staubzucker
100 g glattes Mehl
1 EL Schlagrahm
2 EL Butter
3 Eiklar

Für die Garnitur:
1 südweststeirische Kiwi, geschält, in Scheiben geschnitten
4 große Erdbeeren, in Stücke geschnitten
1 Weingartenpfirsich, in Spalten geschnitten
50 g Kristallzucker
2 EL Erdbeermark
2 EL Heidelbeermark
1 EL Jogurt
Zitronenmelisse

Für das Parfait Sauerrahm mit dem Staubzucker glatt rühren, dann mit Schlagrahm, Orangensaft, Schilcher, Vanillezucker und Zimt verrühren. Die Masse in eine Terrinenform – mit Frischhaltefolie ausgekleidet – füllen und für gute 3 Stunden ins Tiefkühlfach geben.

Für die Hippenmasse Eier mit dem gesiebten Staubzucker und Mehl glatt rühren und den Schlag einrühren. Eine gute Viertelstunde rasten lassen. Die Masse auf ein gebuttertes, bemehltes Backblech oder noch besser auf eine Backmatte dünn aufstreichen. Bei 160 °C einige Minuten hell backen, zu Quadraten schneiden und nochmals hellbraun backen. Danach sehr rasch mit einem Heber ablösen und über ein umgedrehtes Glas oder eine Tasse legen.

Die Kiwischeiben nebeneinander auflegen. Zucker karamellisieren und mit einer Gabel feine Streifen darüberziehen. Fruchtsaucen und Joghurt in einem dekorativen Muster am Tellerrand aufbringen. Das Parfait in der Hippenschale anrichten, mit Erdbeeren, Pfirsich und Zitronenmelisse garnieren. Zuletzt die Kiwi über die Hippe legen und servieren.

1 Portion enthält:
Brennwert: 893 kcal
Fett: 29,99 g
Eiweiß: 11,07 g
Kohlehydrate: 140,94 g

Schilcherpunsch

1 Orange, geschält, Spalten halbiert
1 Apfel, geschält, Kerngehäuse entfernt, in kleine Stücke geschnitten
4 getrocknete Feigen, in kleine Stücke geschnitten
1 l Schilcher,
10 Gewürznelken,
10 Mandeln, enthäutet
1/4 l Schilcher Tresterbrand oder Schilcher Weinbrand, Zucker

Die Früchte mit den Gewürznelken und den Mandeln in den Kochtopf geben und mit dem Schilcher übergießen. Die Mischung langsam erhitzen ohne zum Kochen zu bringen. Bei schwacher Hitze zugedeckt ca. 10 Minuten ziehen lassen. Dann den Schilcherbrand oder -likör dazugeben und heiß servieren! Wer will, kann nachzuckern.
Achtung: Nur für Erwachsene!

1 Portion enthält:
Brennwert: 243 kcal
Fett: 5,01 g
Eiweiß: 3,46 g
Kohlehydrate: 44,88 g

Erfrischende Schilcherbowle

500 g Beeren der Saison (Himbeeren, Brombeeren, Erdbeeren, Heidelbeeren)
Saft von 2 Orangen
1 l Schilcher, halbtrocken
100 ml Holunder- oder Zitronenmelissensirup
Zucker
40 ml Schilcherlikör oder Schilcherbrand
1 l Mineral- oder Sodawasser
1/2 l Schilchersekt

Beeren mit Orangensaft, Schilcher, Sirup, evt. Zucker und Schilcherbrand bzw. -likör vermischen. Wer es süßer will, kann noch nachzuckern. Im Kühlschrank 1 bis 2 Stunden ziehen lassen. Mit kaltem Mineral- oder Sodawasser und Schilchersekt auffüllen und servieren.

1 Portion (1 Glas, 1/16 der Rezeptmenge) enthält:
Brennwert: 36 kcal
Fett: 0,16 g
Eiweiß: 0,71 g
Kohlehydrate: 7,76 g

Schilcher-Weißbrot-Zuppa

8 Scheiben Weißbrot
1/2 l Schilcher, halbtrocken
Staubzucker

Das Brot im Backrohr bei ca. 180 °C Oberhitze bähen, dann in Staubzucker gut wenden. In einer tiefen Schüssel mit dem Schilcher übergießen, einziehen lassen und nochmals mit Staubzucker bestreuen. Sofort servieren und mit einem großen Löffel genießen.

1 Portion enthält:
Brennwert: 312 kcal
Fett: 1,20 g
Eiweiß: 7,61 g
Kohlehydrate: 63,84 g

Haring
Traubensaft
100% Saft
Clarescco
Peiserhof
SCHILCHER
MISTELLA
Blauer Wildbacher
Rubin
Traubenkernöl
Schilcher
Fandler
Jauk
SCHILCHER
Ried Kogl 2006
BLAUER
WILDBACHER
Schilcher
Schilcher
Likör
Familie Jauk
SCHILCHER
Sekt

Die Schilcherkulinariker der südlichen Weststeiermark

Tourismusverband Südliche Weststeiermark
A-8552 Eibiswald, Eibiswald 82
Tel.: 03466/432 56
Fax: 0 3466/432 56
E-Mail: info@suedweststeiermark.at
www.suedweststeiermark.at

Weinbau – Buschenschank –Weinmuseum – Edelbrände
Siegfried und Claudia Krottmayer vlg. Glirsch
A-8552 Eibiswald, Kornriegl 4
Tel.: 03466/437 56
Fax: 03466/437 56
Mobil: 0664/400 99 07
E-Mail: buschenschank@glirsch.at
www.glirsch.at

Hasewend's Kirchenwirt – Meisterfleischerei – Kino – Apartments
A-8552 Eibiswald 39
Tel.: 03466/422 16
Fax: 03466/422 16-4
E-Mail: gasthof@hasewend.at
www.hasewend.at

Weinbau Christian Jauk
A-8544 Pölfing-Brunn, Brunn 45
Tel.: 03465/24 43
Fax: 03465/24 43-4
Mobil: 0664/181 87 47
E-Mail: christian@jauk-wein.at
www.jauk-wein.at

Weinkellerei, Luise & Johannes Jöbstl
A-8551 Wernersdorf/Wies, Am Schilcherberg 1
Tel.: 03466/423 79-2
Fax: 03466/423 79-53
Mobil: 0664/335 14 40
E-Mail: info@joebstl.st
www.joebstl.st

Weinbau Martin und Linde Jöbstl vlg. Stari
A-8552 Eibiswald, Aibl 8
Tel.: 03466/439 66
Fax: 03466/439 66
Mobil: 0664/286 74 99

Brennerei Waltraud Jöbstl & Christina Kremser-Jöbstl (Jöbstl KEG)
A-8551 Wernersdorf/Wies, Am Schilcherberg 2
Tel.: 03466/423 79-1
Fax: 03466/423 79-3
Mobil: 0664/282 73 32
E-Mail: info@brennerei-joebstl.at
www.brennerei-joebstl.at

Hotel-Restaurant Kloepferkeller Familie Michelitsch
A-8552 Eibiswald 59
Tel.: 03466/422 05
Fax: 03466/422 05-22
E-Mail: hotel-restaurant@kloepferkeller.at
www.kloepferkeller.at

Café Gasthaus Familie Köppl
A-8551 Wies, Aug 7
Tel.: 03465/25 48
Fax: 03465/202 77
E-Mail: gh@koeppl-wies.at
www.koeppl-wies.at

Weingut Familie Kuntner
Obergreith 48
8544 St. Ulrich in Greith
Telefon und Fax: 03465/3383
E-Mail: office@trinkgenuss.at
www.trinkgenuss.at

Gasthaus Lindner, Fam. Weißensteiner
A-8554 Soboth 2
Tel.: 03460/205
Fax: 03460/205
Mobil: 0664/302 50 21
E-Mail: gasthaus.lindner@aon.at

Mallihof
Urlaub am Bauernhof
8553 St Oswald ob Eibiswald 10
Tel.: 03468/610
Fax: 03468/610
Mobil: 0664/397 91 33
E-Mail: mallihof@aon.at
http://www.mallihof.at

Die Schilcherkulinariker der südlichen Weststeiermark

Kirchenwirt Mauthner
Elisabeth Mauthner-Reichmann
8551 Wies, Marktplatz 7
Tel.: 03465/24 73
Fax: 03465/24 73-4
E-Mail: elisabeth.mauthner@aon.at
www.kirchenwirt-wies.at

Alpengasthof Messner
8554 Soboth
Tel.: 03460/209, Fax: 03460/209-4
E-Mail: office@hotel-messner-soboth.at,
www.hotel-messner-soboth.at
www.tiscover.com/alpengasthof.messner

Mörtlweberland
Reiten und Angeln
Familie Krieger
A-8544 St. Ulrich i. G., Tombach 106
Tel.: 03465/46 28
Mobil: 0664/282 56 75 (Norbert)
Mobil: 0664/132 16 33 (Monika)
E-Mail: wohlbehagen@moertlweberland.at
www.moertlweberland.at

Weingut Müller vlg. Kraßhoisl
A-8551 Wies, Kraß 80
Tel.: 03465/39 10 14
Mobil: 0699/81 40 98 85
E-Mail: weingut.mueller@aon.at
http://members.aon.at/weingut.mueller

Weingut Pauritsch – Emauswinzer Stefan Pauritsch
A-8551 Wies, Kogl 29
Tel.: 03466/429 81
Fax: 03466/429 81
E-Mail: pauritsch.stefan@aon.at
www.pauritsch.com/pauritsch/

Peiserhof Familie Josef und Christa Strohmeier
Ferien und Wein
A-8552 Eibiswald, Haiden 50
Tel. + Fax: 03466/424 14
E-Mail: info@peiserhof.at
hltp://www.peiserhof.at
http://www.tiscover.at/peiserhof

Weinbau/Buschenschank Haring vulgo Pichlippi
A-8552 Eibiswald, Hörmsdorf 48
Tel.: 03466/423 81
Fax: 03466/423 81
E-Mail: haring.josef@nusurf.at
www.pichlippi.at

Kräuterspezialitäten Familie Gertrude und Herbert Pratter vulgo Kristertoni
A-8552 Großradl, Oberlatein 33
Tel.:03466/425 68
Fax: 03466/425 68

Seecafé Soboth
Scheer & Ducmann
8554 Soboth 3
Tel.: 03460/511
Fax: 03460/511
Mobil: 0664/492 90 57
E-Mail: scheer@seecafe-soboth.at
www.seecafe-soboth.at

Weingut Thomas und Margaretha Strohmaier
A-8544 Pölfing-Brunn, Brunn 41
Tel. : 03465/32 22
Fax: 03465/23 22
Mobil: 0664/451 39 45
E-Mail: weingut.strohmaier@aon.at
www.strohmaier.schilcher.com

Zur Schönen Aussicht
Familie Strohmaier
A-8551 Wies, Altenmarkt 128
Tel.: 03465/22 79
Fax: 03465/22 79-24
E-Mail: mail@zur-schoenen-aussicht.at
www.zur-schoenen-aussicht.at

Glossar

Begriff	Erklärung
Ablöschen	In angedünstetes oder angeröstetes Kochgut Flüssigkeit gießen
Aufgießen	Nach dem → Ablöschen mit Flüssigkeit auffüllen
Auswalken	Mit dem Nudelholz ausrollen
Bähen, gebäht	Semmeln oder Weißbrot in Stücken im Backrohr kurz trocken knusprig erhitzen; im Backrohr übertrocknet
Beuschel	Lunge und Herz
Blanchieren	Gemüse kurz in heißes Wasser legen
Blaukraut	→ Rotkraut, Rotkohl
Blunzen	Blutwurst
Bohnschoten	Grüne Bohnen
Bouillabaisse	Französische Fischsuppe aus mehreren Sorten Fisch
Bräter	Backrohrtauglicher, meist größerer Topf
brunoise	In kleine Würfel geschnitten
b'soffen	betrunken
Buchteln	Reihengermgebäck, meist mit Marmelade gefüllt
Dampfl	→ Germ mit etwas Zucker in lauwarmen Wasser für einen Germteig angesetzt
Dirndl	Kornelkirsche
Dotter	Eigelb
Eierschwammerln	Pfifferlinge
Eiklar	Eiweiß, Klar
Eischnee	Geschlagenes → Eiklar
Einbrenn	Braune Mehlschwitze
Erdäpfel	Kartoffeln
Faschiertes	Durch den Fleischwolf gedrehtes Fleisch
Felchen	Renke, Maräne, ein Süßwasserfisch
Filet	Lungenbraten, Lendenstück
Fischbeuschel	Gut gereinigte Fischinnereien ohne Galle
Fisolen	Grüne Bohnen
Frühlingszwiebel	Junger, grüner Zwiebel
Germ	Hefe
Grammeln	Grieben
Gugelhupf	Napfkuchen aus Germteig
Heiden(mehl)	Buchweizen(mehl)
Hend(e)l	(junges) Huhn
Holler	Hollnder (Blüte oder Beere)
Julienne	In feine Streifen geschnitten
Karotte	Mohrrübe
Kasserolle	Niedriger Kochtopf
Kernöl	Kürbiskernöl aus gerösteten Kürbiskernen gepresstes Speiseöl
Kipferl	Hörnchen
Kirschparadeiser	Kleine Strauchtomaten
Klapotetz	Hölzernes Windrad in Weingärten, das Klappergeräusche zur Vogelabwehr erzeugt
Köcheln	Leicht auf kleiner Flamme kochen
Kletzten(brot)	Dörrbirnen, Früchtebrot mit Dörrbirnen
Krapferl	Kräppelchen, kleines, halbkugel- bis laibchenförmiges Gebackenes
Kohl	Wirsing
Kren	Meerrettich
Laibchen, Laiberl	Frikadelle, Bulette
Lauch	Porree
Marille	Aprikose
Maroni	Edelkastanien
Melanzani	Auberginen
Montieren	Eine Soße durch das Einrühren von kalter Butter → sämiger machen
Nierndl, Nierndln	Niere, Nieren
Nockerln	Ovale Form für verschiedene Massen, z. B. Grießnockerln
Ochsenbackerl	Ochsenwange
Palatschinken	Pfannkuchen, Eierkuchen
Packerl	Päckchen
Panieren	In der Reihenfolge in Mehl, Ei und → Brösel wenden
Paprizieren	Mit Paprikapulver anreichern

Glossar

Begriff	Erklärung
Paradeiser	Tomaten
Parieren	Von Knochen, Fett, Knorpeln und Sehnen befreien
Parüren	Alles beim Parieren Übrigbleibende
Passieren	Durch ein Sieb streichen bzw. mit der Küchenmaschine cremig fein hacken
Pofesen	Altbackenes Weißbrot – meist gefüllt – in Ei getaucht und herausgebacken
Prise	Kleine Menge von (z. B. Salz, Zucker, Gewürzen), die man zwischen zwei Fingerspitzen fassen kann
Pfefferoni	Ganz scharfe kleine Paprika
Pignoli	Pinienkerne
Polentagrieß, -mehl	Maisgrieß, -mehl
Reduzieren	Eindicken von Kochflüssigkeit durch längeres, leichtes Kochen
Ricotta	Molkenkäse
Ribisel	Johannisbeere
Rote Rüben	Rote Bete, Rohnen
Rotkraut	Rotkohl
Sämig	Dicklich
Sauerkraut	Sauerkohl
Sauerrahm	Saure Sahne
Schalotte	Kleine, wohlschmeckende Zwiebelart
Schlagrahm, Schlagobers	Süße Sahne
Schmankerl	Regionale kulinarische oder literarische Delikatesse
(Schweine)Schmalz	Ausgelassenes Schweinefett
Schulterscherzel	Schulterrandstück
Selchen, Selch-	Räuchern, Räucher-
Semmel	Weißbrötchen
Semmelbrösel, Paniermehl	aus trockenen → Brösel Semmeln bzw. Weißbrot
Senf	Mostrich
Spagat	Stärkerer Bindfaden

Begriff	Erklärung
Stamperl	Kleines Glas für Edelbrand oder Likör, 2 bis 4 cl
Stauben	Mit etwas Mehl eine sämige Konsistenz bei Soßen bzw. Suppen erzeugen
Staubzucker	Puderzucker
Sterz	Bröckelig, trockene Speise aus Mehl, Grieß oder Maisgrieß in Wasser gekocht oder in Fett gebacken
Strauben	Gezuckertes Teig- bzw. Buttergebäck
Strudel	Speise in Hefe-, Mürb, Blätter- oder Strudelteig eingerollt und gebacken oder gekocht
Sturm	Gärender Traubenmost
Sulz, Sülzchen	Aspik, liebevolle Verkleinerungsform für Aspik
Suppengrün	Petersilie, Sellerie, (Blattwerk und Wurzeln), Liebstöckel, Lauch, Karotten
Tafelspitz	Schlussbraten aus dem Schlögel (Keule)
Topfen	Quark
Triet	→ Gebähte Gebäckschnitten mit Weinpräparationen begossen
Trüffelöl	Mit schwarzen oder weißen Trüffeln aromatisiertes Olivenöl
Versprudeln	Verquirln
Vogerlsalat	Feldsalat, Rapunzelsalat
Wurzelgemüse	Selleriewurzel, Petersilwurzen und → Karotten
Zesten	Kleine gerissene Schalen z. B. von Zitronen oder Orangen
Zuppa	Istrisch-italienische Bezeichnung für Suppe mit diversen Einlagen
Zwetschken	Pflaume

Literatur- und Quellenangaben

Basler Hildegard Gesellschaft, Hrsg.: Edelkastanien, Basler Hildegard Gesellschaft, Basel 1990
Buchner Christiane: Das Kochbuch aus der Steiermark, Enthaler Verlag, Söll/Tirol 1981
Fabianek Marion, Lainzer Otti: Mit Wein kochen, Leuschner & Lubensky Verlag, Graz 1990
Fischwegweiser Band III, Karpfen kulinarisch, Broschüre, o. O., o. J.
Fuchsbichler Christine: mündliche Mitteilungen
Goethe Herrmann, Goethe Rudolph: Atlas der für den Weinbau Deutschlands und Österreichs wertvollsten Traubensorten, Wien, 1876
Gruber Reinhard P: Das Schilcher ABC, Verlag Droschl, Graz 1988
Haiden Barbara: Die österreichische Mostküche, Krenn Verlags GmbH, Wien, 2007
Haider Willi, Wagner Christoph: Die Steirische Küche, Verlag Styria, Graz 2005
http://rezepte.nit.at/rezepte
Hlatky Christine: Kochen mit Wein, Verlagsagentur Hlatky, Vassoldberg 2004
Jontes Günther: Kayserfleisch und Steirerkas, Steirische Verlagsgesellschaft, Graz 1998
Kampf Hilmar: Das große Handbuch der guten Küche, Verlag Zabert Sandmann GmbH, München 1994
Kloepfer Hans, Gesammelte und ausgewählte Werke, Verlag für Sammler, Graz 1994
Lantschbauer Rudolf, Haider Willi: Steiermark – Wein und Küche, 4. Auflage, Vinothek Verlag, Graz 2000
Lobnig Rudolf: Der Schilcher, Verlag Christian Brandstätter, Wien 1985
Maier-Bruck Franz: Das große Sacher Kochbuch, Schuler Verlagsgesellschaft, Herrsching 1975
Maier-Bruck Franz: Vom Essen auf dem Lande, Verlag Kremayr & Scheriau, Wien 1988
Marianthi Milona, Stapelfeldt Werner: Culinaria Griechenland, Könemann in der Tandem Verlags GmbH, Königswinter, 2004
Meister kochen: Verlag Orac GmbH & Co KG, Wien, 1987
Meuth Martina, Neuner-Duttenhofer Bernd: Österreich – Küche, Land und Leute, Bassermann, München 2005
Ofner Gerhard: 101 leichte Rezepte mit steirischem Wein, Gerhard Ofner, Graz 1990
Palme Wolfgang, Reisinger Johann: Faszination Gemüse, AV Buch, Wien 2006
Paukert Herbert: Das Sterz- und Polentakochbuch: Verlag für Sammler, Graz 1993
Paukert Herbert: Das Kürbis- und Kernölkochbuch: Verlag für Sammler, Graz 1995
Pini Udo: Gourmet Handbuch, Könemann Verlag, Köln 2000
Plachuta Ewald, Wagner Christoph: Die gute Küche, Orac, Wien-München-Zürich 1993
Prato Katharina: Die Süddeutsche Küche, 7. Auflage, Aug. Hesse's Buchhandlung, Graz 1870

Schneider Otto, Lexikon der Suppen, Marix Verlag, Wiesbaden 2005
Summer Gerald: Roséweinfestival, unveröffentlichtes. Manuskript, Weinhaus Stainz 2007
Tourismusverband Preding: Predinger Kürbisschmankerln, TV Preding, Preding 1997
Verein Netzwerk Teichwirtschaft-Tourismus, Hrsg.: Auf Fisch versessen, Steirische Verlagsgesellschaft, Graz 2006
Wallner Sandra J.; Steinberger Ingrid: Herzhaft, g'sund, und steirisch, Steirische Verlagsgesellschaft, Graz 2001
Wilhelm Olaf: Wein und Essen, Hallwag Verlag, Bern 1999
www.cuisine.at
www.bpa-graz.at/kulinarium
www.deutschlandsberg.at
www.gutekueche.at/
www.kernoel.org
www.kirchenweb.at/kochrezepte
www.koch-art.at
www.mostrezepte.at
www.orf.at
www.steiermark.com
www.weinblattl.at
Zeidler-Temm: St. Martiner Kochbuch, 29. Auflage, Leopold Stocker Verlag, Graz-Stuttgart 1990

Literaturangaben zu „Wein und Gesundheit, Genuss und Wein"
Literaturangabe:
Carper Jean: Nahrung ist die beste Medizin, Ullstein Verlag, 2003
Deutsche Diabetes-Gesellschaft: Zulässigkeit der Angabe „für Diabetiker geeignet" bei Wein, http://www.deutsche-diabetes-gesellschaft.de
Heider de Jahnsen Manuela: Das große Handbuch der Chinesischen Ernährungslehre, Windpferd Verlag, 2006
Kasper Heinrich: Ernährungsmedizin und Diätetik, Urban & Fischer Verlag, 2004
Kleine-Gunk Bernd: Resveratrol – Länger jung mit der Rotwein-Medizin, TRIAS Verlag, 2006
Lebensmitteluntersuchungsanstalt der Stadt Wien: Berechnungen rund um Promille und Gramm Alkohol, http://www.wien.gv.at
Marktgemeinde Stainz: Der Stainzer Schilcher, http://www.stainz.at
Schweizer Gesellschaft für Ernährung: Wein zum Kochen, http://www.sge-ssn.ch
Schweizer Ulrich: Gesund mit Rotwein, Falken Verlag, 1998
Steirisches Weinblattl: Schilcher, ein Wein mit Erlebniswert, http://www.weinblattl.at
Temelie Barbara: Ernährung nach den Fünf Elementen, Sulzberg-Joy Verlag, 1992
Wolke L. Robert: Was Einstein seinem Koch erzählte, Piper Verlag, 2005

Ein Edler Gast Gibt Mut Und Kraft

H.Wolf 76. Ren. 04.

Kellertür beim Weingut Müller vlg. Kraßhoisl

Die Erarbeitung dieses Buches wurde gefördert vom Tourismusverband Südliche Weststeiermark
mit Unterstützung des Landes Steiermark.

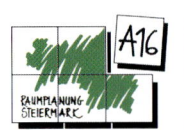

Fotos, Dr. Andreas Scheucher, VISIONAS
Küche: Taliman E. Sluga, Christine Fuchsbichler
Titelkreation und Lektorat: Mag. Christine Wiesenhofer
Programm zur Nährstoffberechnung: PC-Küche, Kochen mit Gewinn

© 2007 Steirische Verlagsgesellschaft in der
Leykam Buchverlagsgesellschaft m.b.H. Nfg. & Co KG, Graz

Alle Rechte vorbehalten
Kein Teil des Werkes darf in irgendeiner Form (durch Fotografie, Mikrofilm oder ein anderes
Verfahren) ohne schriftliche Genehmigung des Verlages reproduziert oder unter Verwendung
elektronischer Systeme verarbeitet, vervielfältigt oder verbreitet werden.
Einbandgestaltung, Layout und Umbruch:
Thomas Hofer, Werbeagentur | Digitalstudio Rypka GmbH., Graz
Gesamtherstellung: Leykam Buchverlag

ISBN 978-3-85489-144-4
www.leykamverlag.at